Editorial Ledoria

Desaforado amor por la palabra

CUATRO CALLES

Revista toledana de cultura para nuevos tiempos

Nº 34. TERCER TRIMESTRE DE 2025

DIRECTOR Jesús Muñoz Romero
COLABORADORES
Antonio Delgado
Consuelo Sánchez-Castro
Cristian Lázaro
Federico Dilla Mañas
Gabriel Cruz Marcos
Gabriel Mora
José Luis Isabel
Mariano Martín Rodríguez
Miguel Larriba
Ramón Sánchez González
Santiago Sastre

Ilustración de portada: *Cristo de la Luz* (1848), de Friedich Gärtner.
Ilustración de contraportada: *Homenaje a Francisco García Martín y Antonio Casado Poyales*, de Seruivo Cuticle Caticura

Diseño y maquetación:
Equipo de editorial Ledoria
I.S.B.N.: 978-84-19887-73-3
Depósito Legal: TO-268-2025

© De la edición: Editorial LEDORIA
* C/ Fuente del Moro, n. 6, Toledo
* C/ Conde de Casal, núm. 47
Las Ventas con Peña Aguilera (Toledo)
Teléfono: 925 25 13 81
Correo electrónico de contacto:
info@editorial-ledoria.com

Publicidad:
admin@editorial-ledoria.com
www.editorial-ledoria.com

SUMARIO   Septiembre 2025

«El Toledo que se ve enfrente, de pie sobre su colina, no da la impresión de un antiguo manuscrito encuadernado cuidadosamente pero con páginas borradas o rajadas. Se alza bajo el azul celeste como una piedra preciosa con reflejos amarillos y rojos, atada en un pesado y arcaico anillo».

Kostas Uranis,
España. Sol y sombra (1931)

Dos olvidadas óperas francesas que pasearon el nombre de Toledo por el París del siglo XIX

MIGUEL LARRIBA

El siglo XVIII fue un periodo de gran desarrollo de la ópera en toda Europa. Sin embargo, la complejidad y artificiosidad de los montajes, con argumentos sofisticados, muchos de ellos sobre temas difíciles de entender por el público, motivó que éste comenzara a sentirse cada vez más descontento. Pero llegados al siglo XIX, la influencia del romanticismo y el nacionalismo musical supuso un auténtico revulsivo que hizo reconciliarse a la ópera con el gran público.

En Francia, donde la ópera llegó a ser considerada como bien nacional, alcanzó su máximo nivel con obras ambientadas en temas heroicos, caballerescos y naturalistas, pero sobre todo con un interés por lo exótico, entendido como todo aquello que se correspondía con paisajes, gentes y costumbres bien diferen tes de lo que era común en la Europa occidental.

España era considerada uno de esos países exóticos, bastante alejado del resto de las naciones europeas, no tanto por la distancia como por su escaso desarrollo, sus malas comunicaciones, su terrible orografía, el desconocimiento de su cultura, sus costumbres, sus pueblos y sus gentes. Un cóctel extraordinario que iba a surtir de atractivas historias a libretistas y compositores. Y así, en las primeras décadas de ese siglo, se produjo una clara preferencia por los temas españoles en muchas de las óperas europeas y especialmente francesas, lo que aseguraba el aprecio de gran parte del público.

El gusto por la temática española venía siendo una constante en el arte francés desde antiguo. Sin duda, las relaciones entre am

Arriba, la Ópera Cómica de París hacia 1850. Sobre estas líneas, libretos de las dos óperas con el nombre de Toledo en sus títulos.

Cuatro calles

Etienne Nicolas Méhul y Benoït Joseph Marsollier.

bos países, unas veces amigables y otras de enconado enfrentamiento, unidas a su vecindad, propiciaron ese interés de los artistas franceses por lo español.

La Guerra de la Independencia trajo a muchos franceses a España, mientras que el régimen absolutista de Fernando VII que le siguió, provocó que muchos exiliados liberales españoles —los llamados afrancesados— buscaran refugio al otro lado de los Pirineos. Entre ellos se encontraban algunos músicos que ayudaron a familiarizar al público francés con las características de la música popular española, de modo que, a partir de obras de compositores franceses, llegó a gozar de considerable popularidad.

Es así como empieza a forjarse la imagen estereotipada, que aún perdura en gran medida hoy, de gitanas, toreros, bandoleros, de héroes arrojados y moros crueles, de fanáticos y libertadores. Se trata de una imagen que mira al vecino del sur con cierta simpatía, pero también con la condescendencia de quien se cree más civilizado. Una inclinación por lo hispánico que se reveló de forma muy particular en la ópera cómica, género lírico que adquirió enorme popularidad y que se distingue por su tono jocoso, el tratamiento de ambientes y personajes de la vida cotidiana y por la combinación del canto y los diálogos hablados, a diferencia de la «gran ópera», que se canta en su totalidad y tiene mayor duración.

Entre la enorme producción operística de ese momento en el país vecino, se encuentran dos obras, hoy completamente olvidadas, que llevan en sus títulos el nombre de Toledo. La primera es *Les deux aveugles de Tolède* (*Los dos ciegos de Toledo*), ópera cómica en un acto y en prosa, con libreto de Benoît Joseph Marsollier y música de Etienne Nicolas Méhul, quien había sido profesor del Conservatorio Nacional, autor de diversas obras patrióticas durante el período revolucionario, y luego para Napoleón. La más famosa de sus composiciones fue la titulada *Le chant du depart* (*La canción de la partida*), compuesta en 1794 y adoptada como himno oficial del primer imperio napoleónico, pues el emperador la prefirió a *La Marsellesa*. Compuso también alrededor de 35 óperas y cinco sinfonías, entre otras piezas musicales.

Por su parte, Marsollier, que había pertenecido a la nobleza, alcanzó fama como prolífico libretista de óperas cómicas. Casi al comienzo de su carrera había presentado una en dos actos titulada *Los dos ciegos de Bagdad*, que fue un estrepitoso fracaso. Aunque tenemos pocos datos del

El barítono Simon Chénard.
Óleo de Louis Leopold Boilly, 1792.
Museo Carnavalet de París.

Los barítonos Jean Pierre Solié y Jean Blaise Martin

estreno, llevado a cabo el 9 de septiembre de 1782 en la Comédie Italienne de París, sabemos que, hacia la mitad del segundo acto, las burlas que se venían sucediendo entre el público, se volvieron tumultuosas, por lo que la representación tuvo que interrumpirse y la obra acabó por retirarse del cartel. Pero transcurridos veinticuatro años (tiempo suficiente para haberse olvidado el descalabro), Marsollier decidió reutilizar el texto con algunos cambios significativos: transportó a sus personajes de Turquía a España, concretamente a Toledo, dejó la pieza en un solo acto y finalmente confió a Nicolas Méhul la tarea de componer la partitura. Éste, que no se distinguía por ser demasiado escrupuloso en la elección de los textos de sus óperas, tomó el libreto y lo embelleció con una música encantadora.

El estreno tuvo lugar el 28 de enero de 1806, en el teatro de la Ópera Cómica de París, con la participación de los barítonos Simon Chénard, uno de los actores y cantantes más populares de la época, y Jean Pierre Solié, que además de cantante fue consumado violonchelista y prolífico compositor de óperas cómicas. Ambos encarnaron, respectivamente, los dos roles principales,

La acción transcurre entre enredos y equívocos hasta culminar en una graciosa escena donde se encuentran encerrados en la misma habitación los dos ciegos y el joven pretendiente, sin que los primeros se den cuenta.

junto a Jean Blaise Martin, otro destacado cantante lírico del momento, cuya particular voz de «tenor alto y claro» motivó un tipo vocal conocido como barítono-martin. Los personajes femeninos fueron interpretados por la soprano Alexandrine Marie Agathe Gavaudan-Ducamel, que se hizo popular con el nombre de Madame Gavaudan, y la mezzosoprano Mari Desbrosses.

La acción de la obra tiene lugar en la casa donde viven Nuguez y Don Brusco, dos músicos ciegos que imparten clases de música y canto. La joven Flora, sobrina del primero, ha sido comprometida por éste a su compañero Don Brusco, un tipo huraño y malhumorado, pero que le prestó en su día cierta ayuda gracias a la cual evitó apuros económicos, por lo que se siente obligado a entregarle a la muchacha, como mejor manera de recompensar aquellos servicios.

Naturalmente, Flora no muestra ninguna inclinación hacia el forzado pretendiente, sino que, por el contrario, está enamorada de Mendoza, un joven músico que ha decidido tomar clases con los dos ciegos bajo el nombre de Pedro. Con la complicidad de la criada, Jacinta, la acción transcurre entre enredos y equívocos hasta culminar en una graciosa escena donde se encuentran encerrados en la misma habitación los dos ciegos y el joven pretendiente, sin que los primeros se den cuenta de la presencia del tercero. Creyéndose solos, Nuguez hace entrega a Don Brusco de 200 ducados de oro como dote de la sobrina, pero Mendoza consigue sustraer la bolsa, provocando así una fuerte discusión entre los dos ciegos, pues mientras el primero asegura que le ha dejado el dinero sobre la mesa, el segundo insiste en que allí no hay nada, y aquél sospecha que lo ha escondido y quiere timarle.

En el desenlace final, Mendoza, cambiando su voz, se hace pasar por el alcalde, que habría hecho acto de presencia para dar

La soprano Madame Gavaudan

testimonio del matrimonio, aunque apostando porque éste fuera entre los dos jóvenes, ante el estupor de Don Brusco que, finalmente, descubre la burla y termina renunciando a sus pretensiones amorosas.

«*¿Puede uno, sin amor, pasar un solo día? Amable locura, Buen humor, bella mujer*», canta el joven Mendoza viendo felizmente culminados sus anhelos amorosos, mientras don Brusco, de mala gana, decide quedarse al festejo general «*solo por molestar*». La criada Jacinta, tratando de apaciguarle, le dice: «*Usted llegará a querernos algún día*», a lo que el huraño ciego contesta: «*Sí, tan pronto como pueda verte*».

«*Es incorregible*», interviene Nuget conciliador para culminar todos en un animado coro, a instancias de éste: «*No más peleas; Brusco, no nos dejes, y como prueba de completa reconciliación, canta con nosotros mi rondó. Comenzará Mendoza y nos uniremos al coro*».

La obra fue recibida por el público con entusiasmo el día de su estreno, debido fundamentalmente a la hermosa partitura compuesta por Méhul, según coincidió en reflejar la crítica del momento.

En la crónica publicada en el *Journal de Paris*, se destacaba particularmente la calidad de la obertura en estos términos: «*Desde los primeros compases, el compositor Méhul se había mostrado para aquellos que conocían su estilo; y desde el primer momento también había indicado la ubicación de la escena con un tono de color local. El tema de esta obertura es un bolero español, del tipo más gracioso y picante. Variada y recuperada a su vez con infinito arte, forma una de las piezas más deliciosas salidas de la pluma a la que ya debemos las oberturas de* Euphrosie, Stratonice, El joven Enrique, *etc. Los ins-*

trumentos de viento son utilizados con exquisito gusto y discernimiento».

La partitura, muy extensa, también contenía varias piezas que llegaron a gozar de gran aprecio por parte del público y de la crítica. A este respecto, el *Journal de Paris*, tras resaltar el valor de cada una de ellas, finalizaba su artículo en estos términos: «*Al resumir lo que acabamos de decir sobre cada una de las piezas de esta ópera, nos vemos autorizados a afirmar que Méhul quizá no haya escrito una obra en la que haya dejado la huella de un genio más fértil, de un talento más variado y universal. Reflexionemos sobre la prodigiosa diversidad de géneros que abarca esta nueva pro-*

Portada del disco recopilatorio de Nicolas Mehul, grabado en 2002.

ducción y el asombro será aún mayor al reconocer que en todas partes las flores se siembran a puñados; que la orquesta siempre es rica y erudita, que siempre, en una palabra, la armonía y la melodía se apoyan mutuamente. Ha llegado el momento en que, sin esta feliz alianza, los compositores solo pueden esperar éxitos efímeros. Sea cual sea el futuro de la obra de Les Deux Aveugles de Tolède, la partitura de Méhul seguirá deleitando al aficionado y sirviendo de modelo para el artista*».

Lamentablemente, la mediocridad del libreto de Marsollier no estuvo a la altura de la producción musical y esto fue causa de que el éxito inicial no se prolongara demasiado.

Desde el 28 de enero hasta finales de 1806, *Los dos ciegos de Toledo* no logró pasar de diecinueve representaciones. Se hizo un reestreno el 28 de octubre de 1809 y otro el 22 de mayo de 1810. En 1828 reapareció en la programación del parisino Teatro del Odeón. Pero la obra no consiguió en su momento conquistar al público, nunca encontró su sitio en el repertorio ni alcanzó el lugar que sin duda merecía por su alto valor musical, lleno de «*color español*» donde, por primera vez, se introducía el bolero en la música culta de una manera «*brillante y obstinadamente persistente*», según destacaron con cierto énfasis los críticos de la época.

En España tenemos constancia, por la prensa del siglo XIX, de varios conciertos en cuyos programas se incluyó esta obertura. Pero, como la inmensa mayoría de las composiciones nacidas en el siglo de oro de la ópera francesa, hoy está completamente olvidada. O mejor, debiéramos decir «casi» olvidada, pues, en época contemporánea,

hemos conocido un moderno y actualizado montaje de la obra que subió a los escenarios del Teatro Aachen, de la ciudad alemana de Aquisgrán (por cierto, hermanada con Toledo desde 1984) del 22 de diciembre de 2000 al 17 de marzo de 2001, bajo la responsabilidad del dramaturgo austriaco Paul Esterházy, director general del citado teatro y que asumió la dirección artística de la obra.

También debemos dejar constancia de que la obertura de *Los dos ciegos de Toledo* se encuen-

Imagen de la versión contemporanea de *Los dos ciegos* en el teatro de Aquisgrán.

tra incluida en un disco recopilatorio de piezas de Micholas Mehul, grabado en 2002 por la Orchestre de Bretagne bajo la dirección de Stefan Sanderling, y está también accesible en el canal de *Youtube*.

El arriero de Toledo

La segunda de las obras que pretendemos rescatar del olvido es *Le muletier de Tolède* (*El arriero de Toledo*), ópera cómica en tres actos, con música de Adolphe Adam y libreto de Adolphe d'Ennery y Louis Clairville. Fue estrenada en el Teatro Lírico de París casi medio siglo después de la anterior: el 16 de diciembre de 1854.

En este caso se trata de un argumento de carácter pretendidamente histórico que da comienzo en una posada del camino donde recala la joven Elvira, que ha sido llamada del convento en el que estaba como novicia para ocupar el trono que ha dejado vacante, al morir, su tío el rey de León. Junto a Carmen, su dama de compañía, ha decidido huir, disfrazadas ambas de campesinas, para coincidir en la modesta venta con el que le han asignado como esposo, el infante Don Sebastián de Castilla, al

que no conoce, pero ha averiguado que viaja con intención de ver a su prometida antes de la boda, sin ser reconocido, para lo cual ha tomado el nombre y el disfraz de Manuel, un arriero muy popular en Toledo.

Cuando el encuentro se produce, bajo sus fingidas identidades, ambos quedan locamente enamorados. Lo que no saben, pero irán descubriendo en el desarrollo de la trama, es que en torno a la futura reina se va a ir tejiendo un complot para impedir su acceso al trono, forzándola a abdicar en favor de su primo Don Pedro. Y así, en una sucesión de intrigas y equívocos entre personajes, unos fingiendo lo que no son y otros pretendiendo ser lo que aparentan, llega el momento en que Elvira decide casarse en secreto con Manuel, pensando que se trata efectivamente del infante Sebastián cuando, en realidad, éste a última hora, desistió de su propósito inicial de hacerse pasar por el arriero de Toledo y fue a casarse con otra.

Cuando Don Pedro descubre que Elvira se ha casado con un arriero, cree ver definitivamente despejado su camino al trono, al que la joven no le importa renunciar pues, aun sabiendo que su marido no es el que ella creía,

Louis François Marie Nicolaïe «Clairville» y Adolphe Adam.

se considera dichosa ya que, según le declara: «*El que amo, Manuel, es el hombre que, ante Dios, recibió mi juramento y me prometió el suyo. ¡Este hombre juró vivir para mí, mi deber es vivir para él! Nada podrá separarnos, Manuel, príncipe o arriero... Te amo...*».

En la escena final, don Pedro se muestra triunfante, creyéndose a un paso del trono, cuando, contra todo pronóstico, aparece Manuel para descubrir su verdadera identidad: él es Don Sancho, el rey de Castilla.

El libreto fue fruto de la colaboración entre Louis François Marie Nicolaïe, más conocido como «Clairville», y Adolphe d'Ennery, dos autores extraordinariamente prolíficos. El primero fue, además de escritor y poeta, un conocido comediante, compositor de canciones y cantante al que se le atribuyen más de doscientas piezas teatrales de diverso género, buena parte de ellas comedias de vodevil, que alcanzaron enorme éxito. Similar número de obras dramáticas fueron firmadas por d'Ennery, aunque él escribió casi siempre en colaboración con otros autores.

En cuanto al compositor, Adolphe Adam, es conocido como autor de la música de uno de los ballets más famosos del mundo: *Giselle*, y una de las canciones navideñas más internacionales: *Cantique de Noël*, popularizado en su versión inglesa como *O Holy Night*. Tuvo una carrera muy exitosa como compositor de óperas, llegando a firmar más de medio centenar de títulos, todos ellos hoy olvidados, pero que en su tiempo llenaron las arcas de la Ópera Cómica de París.

Perfecto representante de un tipo de música de consumo, siempre atento a los gustos más triviales, acertó a mantenerse en una línea nada evolutiva pero tremendamente eficaz para granjearse el aplauso del público, al que rara vez defraudó.

Otro dato a resaltar es que la escenografía del estreno estuvo a cargo del gran escenógrafo y pintor Charles-Antoine Cambon quien, entre otros trabajos, participó en la decoración interior de varios teatros, entre ellos el Liceo de Barcelona, aunque su intervención aquí se perdió en el incendio de 1861.

En cuanto a los intérpretes, los dos papeles principales estuvieron a cargo del tenor Gustave Sujol y de la soprano Marie Cabel, ambos muy conocidos y estimados por el público.

Sujol, cantante y actor francés, llegó a alcanzar gran éxito como tenor ligero por los escenarios franceses, especialmente de Burdeos y París.

Marie Cabel, belga de nacimiento, fue una popular soprano *de coloratura*, término éste que define la cantante de voz aguda y ágil, comúnmente capacitada para el registro sobreagudo y que en su tiempo fue definida como capaz de realizar las «*acrobacias vocales más temerarias*».

Aunque *El arriero de Toledo* está considerada como una de las óperas más flojas de Adam, lo cierto es que obtuvo un considerable éxito, llegando a alcanzar 54 representaciones, algo que los críticos atribuyeron casi por completo al mérito de la soprano protagonista. Como reflejó con entusiasmo uno de ellos:

Aunque está considerada una de las óperas más flojas de Adam, obtuvo un considerable éxito, llegando a alcanzar 54 representaciones.

La soprano Marie Cabel en su doble caracterización como campesina y reina, y el tenor Gustave Sujol como rey de Castilla. Litografías de 1854, año del estreno de *El arriero de Toledo*. Biblioteca Nacional de Francia.

«El doble papel de Marie Cabel domina toda la obra: la cantante está casi siempre en escena, canta sin parar, y esta encantadora curruca lleva la carga con una gracia, una soltura y una ligereza que denotan una organización privilegiada. La milagrosa agilidad de su voz, el brío y la audacia de sus rasgos le valieron, en este doble papel de reina y campesina, un éxito rotundo que tendría una larga resonancia en París».

No obstante, el encaje perfecto de la cantante con su personaje hay que atribuírselo también a Adolphe Adam, que ese año había compuesto dos obras para representar en la Ópera Cómica, pero ante el temor de que la producción simultánea pudiera dar lugar a comentarios poco favorables, se vio en la tesitura de elegir cuál poner en escena primero, cosa que no dudó demasiado, ya que había escrito la partitura de *El arriero* pensando precisamente en la Cabel para el papel protagonista.

Esta relevancia de la soprano belga queda patente en los siguientes párrafos de la crónica publicada en el *Journal des Débats*:

«Contiene una gran cantidad de piezas picantes que han cautivado a la audiencia y que la

«La partitura de El arriero de Toledo es una de las más felices del señor Adam y su felicidad crece con cada interpretación.

audiencia a su vez ha captado. Son encantadores el coro de españoles bailando y el aria 'Recíbenos en tu posada'. Ya son populares los versos: 'Soy un simple arriero'. La melodía: '¡Si yo fuera la Reina de España!' es un rico tejido de vocalizaciones, cada una más audaz que la anterior, diseñada para resaltar el talento especial de la señora Cabel y el gran rango de su voz.

»En el segundo acto, observamos una marcha que se repite tres veces a lo largo de esta ópera, y cuyo brillo no perdería nada con el uso más moderado del tambor, especialmente en esta pequeña sala. Un rondó encantador, vivo, ágil, picante y de una finura melódica notable, es el que canta la señora Cabel con mucha gracia y que se repite cada noche entre los aplausos más entusiastas.

»En el aria de la Reina, en el tercer acto, las vocalizaciones son llevadas hasta un grado de complicación que me parece excesivo, pero que el éxito de la cantante justifica.

»En resumen, la partitura de El arriero de Toledo es una de las más felices del señor Adam, y su felicidad crece con cada interpretación. Solamente el cajero permanece inmóvil, ya que la sala no se ensancha.

»¿Hablaré de los ramos de flores lanzados a la señora Cabel, de los bises, de los aplausos? No, parecería que estoy bromeando y estos éxitos son muy serios.

»La señorita Garnier, disfrazada en el primer acto y no disfrazada en los dos actos siguientes, cantó varias piezas difíciles con elegante seguridad y recibió un merecido aplauso. Sujol está muy bien en el papel del rey arriero».

Marie Cabel fotografiada en 1866.

¿Por qué Toledo?

Llegados a este punto parece lógico preguntarse dónde queda Toledo, más allá de su mención en los títulos de las dos obras que traemos al recuerdo. Y la respuesta no puede ser más desalentadora: en ninguna parte.

La única escena donde transcurre la trama de Los dos ciegos, se describe, en las indicaciones de escena, como «una sala pequeña, amueblada de forma limpia y sencilla; una mesa cubierta con una alfombra, varios instrumentos, guitarra, piano, dos sillas y dos bancos; una puerta de cristal que da al interior, otra a la derecha que da al exterior; dos ventanas, una a la calle, otra al jardín, ambas cerradas por persianas». Un escenario que podría valer para cualquier otra ciudad, pues Toledo no tiene la menor incidencia en el desarrollo del argumento y ni siquiera se introduce alguna imagen que pueda contribuir a identificarla.

En el desarrollo de la trama se la menciona una sola vez, cuando uno de los ciegos le dice al otro que ha recibido unos buenos dineros en casa del gobernador donde le llamaron para actuar y, ante la burla del otro, se jacta diciendo: «*Soy conocido en Toledo*». Y eso es todo.

El conocimiento popular del personaje es también el único nexo con Toledo en la segunda de las óperas donde, aparte de la mención en el título, se cita por dos veces al protagonista como «*arriero muy conocido en Toledo*» y «*primer arriero de Toledo*». Una tercera alusión se refiere simplemente al viaje que cierto personaje hizo a la ciudad. Y hasta ahí podemos leer. Porque no hay más.

¿Qué sentido tiene, entonces, colocar el nombre de Toledo tan notoriamente en los títulos de las obras si la localización no tiene ninguna trascendencia en el curso de la trama? No se nos ocurre otro que el mero «gancho» comercial.

Como se dijo al principio, el pintoresquismo y la espectacularidad de nuestro país y nuestro folclore gozaban de una enorme popularidad en las principales salas francesas, y particularmente en las parisinas. Por tanto, la evocación de la ciudad sobre la que pivota gran parte de la historia de España, la convertiría en imagen perfecta para esa identificación con «lo español». ¿Qué mejor carta de presentación que colocar su sonoro nombre en lo más visible de la cartelera?

Poco importaba que los hechos históricos encajasen o no en los argumentos propuestos. El público ni tenía elementos de juicio para valorar este extremo, ni el menor interés en hacerlo. Así se entiende, por ejemplo, que en *Los dos ciegos* se mencione al Duque de Alba como gobernador de Toledo, cargo que el aludido nunca ejerció. O que el crítico del *Journal des Débats* en su crónica del estreno de *El arriero*, antes mencionada, refiriéndose a la protagonista de la obra diga: «*Se trata de una reina de Aragón, o de Granada, o de Valen-*

> **Toledo no tiene la menor incidencia en el desarrollo de los argumentos y ni siquiera se introduce alguna imagen que pueda contribuir a identificarla.**

cia (uno se pierde en todos estos pequeños reinos del gran reino de España)». Ninguno de sus lectores ni de los espectadores se lo iba a tener en cuenta.

Esta poca apreciación por la realidad española fue algo generalizado en todas las composiciones operísticas de la época. A diferencia, por ejemplo, de los alemanes, los franceses mostraron muy poca consideración por la literatura española. Por lo tanto, aunque se contabilizan numerosas óperas francesas con ambientación española, son muy pocas las que están basadas en una obra literaria, e incluso en estas se producen adaptaciones tan drásticas que llegan a hacer casi irreconocibles los argumentos originales.

De aquel gusto por lo español en la ópera francesa sobreviven hoy unos pocos títulos en las programaciones operísticas de todo el mundo. Por citar algunos de los más conocidos, *Don Quichotte*, de Jules Massenet, *L'heure espagnole*, de Maurice Ravel (ambientada de manera circunstancial en Toledo), y sobre todos ellos, la famosa *Carmen* de Georges Bizet.

Un relato, más legendario que histórico, sobre el rey Wamba

MARIANO MARTÍN RODRÍGUEZ
(Traducción e introducción)

Dos son los reyes visigodos de Toledo que han inspirado mayor número de obras literarias. El principal desde este punto de vista es el malhadado don Rodrigo, el rey de la «pérdida de España», en torno a la cual se pergeñaron a lo largo de los siglos leyendas como las de Florinda, la joven aristócrata forzada por el rijoso rey godo, o la de la torre o palacio encantado de Hércules en que don Rodrigo vio pintados a los guerreros que se apoderarían de su reino. Las versiones de esta materia son innumerables, abundando especialmente en la edad dorada de la leyenda toledana, esto es, el largo romanticismo decimonónico que se prolongó, a través de sus manifestaciones neorrománticas, hasta bien entrado el siglo XX.

A su lado palidece la materia legendaria del otro rey godo cuya vida también fue objeto de la imaginación de los cronistas y, a continuación, de narradores y dramaturgos en prosa y verso. Tradicionalmente, después de don Rodrigo, el soberano gobernante en la *urbs regia* toledana más popular siempre ha sido Wamba (*circa* 630-688), tal vez por protagonizar una de las grandes vidas entre históricas y literarias escritas en la propia época visigoda, la titulada en el original latino *Historia Wambae regis* (*Historia del Rey Wamba*), cuyo autor es Julián de Toledo (*circa* 644-690). En ella, este santo obispo narró la traición y castigo del duque Paulo, enviado por Wamba para sofocar una rebelión en los territorios transpirenaicos de la monarquía visigoda, territorios que se extendían hasta la ciudad de Nimes, verdadero foco de aquella sublevación. Pese al indudable ánimo apologético para la persona de Wamba que permea la versión de los hechos que ofrece Julián de Toledo, lo narrado parece verosímil. En cambio, no lo parece tanto la historia de la proclamación de Wamba que inicia el texto de Julián, según el cual aquel habría sido muy reacio, tras la muerte de su predecesor Recesvinto, a aceptar la corona de manos de nobles y obispos, no dando su brazo a torcer hasta no ser amenazado de muerte. A continuación, una abeja revoloteando desde su cabeza tras su unción habría sido signo, según Julián, de que su reinado sería feliz. Este leve prodigio no bastó, sin embargo, para convertirlo en monarca legendario. Su mutación en personaje fabuloso fue un producto bajomedieval.

El *Libro de las generaciones* navarro (segunda mitad del siglo XIII) le aplicó el motivo del «labrador hecho rey» que Cosmas de Praga (*circa* 1045-1125) había hecho triunfar en Europa a través de la apasionante narración de los orígenes de Bohemia que figura en su crónica de este reino, según la cual la fundadora de Praga, la reina Libusa (Libuše

en checo), habría sido persuadida para que buscara un varón con el que casarse y al que confiar la soberanía. Ese varón debía ser señalado por una serie de signos que una visión había indicado a Libusa. El elegido fue un campesino llamado Premislao (Pøemysl) que encontraron en sus propias tierras de labor y al que proclamaron rey. Aparte del milagro de que un campesino fuera elegido monarca, cosa de todo punto fabulosa entonces (y ahora), la leyenda de Primeslao se enriqueció con nuevos prodigios, como el de que su vara floreciera. Esta leyenda, que ha inspirado numerosas recreaciones literarias en checo y otras lenguas, es muy semejante a la del rey Wamba, cuya resistencia a aceptar el trono quedó vencida, según la leyenda, cuando su propia vara floreció. Fuera o no mera coincidencia con la fábula bohemia, Lope de Vega (1562-1635) ciertamente conocía la leyenda de Premislao al escribir su comedia *El rey Bamba* (1604), obra que

La reina Libusa habría sido persuadida para que buscara un varón con el que casarse y al que confiar la soberanía. El elegido fue un campesino llamado Premislao.

Premislao y Libusa. escultura de Josef Václav Myslbek (1890). Praga.

pudo contribuir a que este rey ingresara en la circulación literaria al cobrar popularidad en el siglo XIX las leyendas ambientadas en la Hispania visigoda. En comparación con la de don Rodrigo, esa circulación fue, sin embargo, limitada. De hecho, no nos consta que el rey Wamba fuera objeto de tratamiento literario moderno en castellano hasta la narración resumida de su vida según la historia que hizo Antonio Delgado, eliminando todo prodigio y elemento fabuloso, en sus hermosas *Leyendas de la ciudad del Tajo* (1946). En cambio, tuvo dos interesantes versiones literarias decimonónicas en inglés.

La más completa, con el título de «The Good King Wamba» (El buen rey Wamba) es la primera de la serie dedicada a España, publicada en 1899, de los *Historical Tales* (Cuentos históricos) del norteamericano Charles Morris (1833-1922). En este relato resumió, con no poca ironía hacia las creencias y costumbres de la época evocada, el reinado entero de Wamba desde la indicación por San León de que había de ser el rey buscado hasta su encuentro y el milagro de la vara florecida, seguido por la amenaza de los nobles de darle muerte si no aceptaba la corona. Una vez ungido Wamba, Morris narró concisamente la derrota a sus manos del duque Paulo, la construcción y refuerzo de las murallas de Toledo y, en fin, la conspiración triunfante encabezada por Ervigio, quien había hecho administrar a Wamba una pócima narcótica que le había permitido tonsurar al rey, cuando la tonsura era la marca de la adopción de la profesión religiosa, entonces incompatible con el ejercicio de la realeza. Así perdió la corona Wamba y se hizo monje, mientras que Ervigio pasaba a ocupar el trono, tal y como la historia enseña que le ocurrió realmente al buen rey Wamba.

La otra versión en inglés de su vida es algo anterior y su escritura sugiere que su autora, la británica Rachel Harriette Busk (1831-1907), no deseaba poner la ficcionalización al servicio de una labor de divulgación histórica al modo de Morris, sino más bien ofrecer un cuento más legendario que histórico. No en vano sus intereses se orientaban sobre todo hacia las visiones del pasado filtradas por la tradición escrita y oral, tal y como indica el hecho de que su leyenda de Wamba, con el título de «King Vamba» figure en el sumario de su libro *Patranas; or Spanish Stories, Legendary and Traditional* (Patrañas o narraciones españolas legendarias y tradicionales, 1870). Este libro es muy variado, pues sus cuentos proceden tanto de la península Ibérica como de la América hispana, alternando las versiones noveladas en prosa de cuentos y romances folclóricos con la reescritura de episodios variados de la historia de las distintas regiones de España a partir de sus crónicas y leyendas. Entre las toledanas pueden recordarse «Raguel; or, the Jewish of Toledo» (Raquel o la judía de Toledo), que es uno de los escasos tratamientos literarios en inglés de su asunto, y el cuento del rey Wamba, del que Busk eliminó los aspectos más violentos. Por ejemplo, una vez producido el milagro de la vara, nadie ha de amenazar a Wamba para que acepte ser rey; la rebelión de Paulo, a la que la autora presta más atención que Morris, hace hincapié en la clemencia del rey legítimo, cuyas virtudes ha de reconocer el propio rebelde en un diálogo con aquel, y la renuncia obligada al trono tras

> *La Toledo de Busk no es solo el escenario circunstancial de la vida del rey, sino que se identifica por completo con él y su soberanía, como verdadera capital de aquella primera España.*

---

la astuta treta del usurpador Ervigio se presenta como una decisión del viejo y cansado Wamba para evitar una sangrienta contienda civil. De esta manera, quedan demostradas las cualidades del protagonista como buen gobernante, modesto y amante de la paz, lo que subraya el acierto de la elección providencial realizada por el papa y sancionada por la divinidad mediante el prodigio de la vara florecida que consagraría simbólicamente su designación. Estas cualidades suyas se sugieren asimismo mediante su comportamiento en la ceremonia de la coronación en Toledo, que Busk describe de manera magistral alternando la focalización narrativa. Unas veces la atención se centra en Wamba y su esposa, con el cambio de su modesta indumentaria campesina a las lujosas galas reales, cambio que expresa su merecido y extremo ascenso en la escala social, mientras que en otras la mirada se dirige a la multitud entusiasta de las gentes toledanas que los aclaman e indican así la unanimidad de su aceptación. Esta se extiende simbólicamente al río Tajo, el cual suma a la exaltación del nuevo rey la de su sede regia toledana, que comparte con él la aclamación de España entera. De este modo, la Toledo de Busk no es únicamente el escenario circunstancial de la vida del rey, sino que se identifica por completo con él y su soberanía, como verdadera capital de aquella primera España.

Traducción

La traducción que sigue se basa en la edición original siguiente: *Patranas; or Spanish Stories, Legendary and Traditional by the autor of «Traditions of Tirol»*, London, Griffith and Farran, 1870, pp. 221-227.

Durante la época en que los godos gobernaron España hubo un interregno. Se había extinguido el linaje de la última dinastía y todos quienes podían reunir algunos partidarios se propusieron gobernar sobre el resto, de manera que hubo varios a la vez que se proclamaron reyes y que lucharon unos contra otros por el dominio. Esto causó naturalmente una gran confusión, pues no había nadie que mantuviera el orden.

Por último, al ver que no podían ponerse de acuerdo entre sí, enviaron una embajada a Roma para pedir al Papa que decidiera por ellos. El Papa fue, pues, a su oratorio y rogó a Dios que le dijera cuál de todos los candidatos debía ser rey de España. Sin embargo, cuando se presentó de nuevo ante los enviados, les dijo que ninguno de los pretendientes a la corona era digno de ceñirla, que encontrarían a quien había de ser rey de España arando su campo con un buey gris y blanco y un cura caminando a su lado, que lo hallarían en algún lugar de Andalucía y que su nombre era Wamba.

Los enviados regresaron a Es-paña de no muy buen ánimo, pues se decían «¿Cómo encontraremos a ese hombre?». Y buscaron por toda Andalucía y no pudieron hallar a nadie que se llamara Wamba. Justo cuando iban a renunciar desesperanzados a seguir buscando, al pasar por una ribera plantada de cañas, oyeron a una mujer con una cesta sobre el hombro que llamaba:

—¡Ven a comer, Wamba! ¡Parece que has olvidado que son las doce del mediodía!

Cuando los enviados oyeron esto, se giraron y vieron a un hombre que araba en un campo con un buey blanco y gris. Entonces volvieron y se arrodillaron ante él, diciendo:

—¡Danos tus manos para que las besemos, majestad!

Wamba, asombrado y no acertando a entenderlos, pensó que querían matarlo y exclamó tembloroso:

—¡Perdonadme la vida, señores! ¿Por qué me la queréis quitar?

Les dijo que ninguno de los pretendientes a la corona era digno de ceñirla, que encontrarían a quien había de ser rey de España arando su campo con un buey gris y blanco y un cura caminando a su lado.

Estatua de Wamba en la Plaza de Oriente de Madrid, obra de Alejandro Carnicero (1753).

Le respondieron:

—No tenemos esa intención, Wamba, ni mucho menos. El Papa que ahora reina en Roma nos dijo que debías ser nuestro rey y, por tanto, nuestro rey has de ser.

Wamba, que no se podía creer que hablaran en serio, clavó en el suelo la vara que llevaba en la mano a manera de aguijada y dijo riendo:

—¡Cuando mi vara eche raíces y florezca, entonces creeré que soy el rey de España!

Entonces, antes de que hubiera acabado de hablar, la vara se cubrió de hojas y hermosas flores brotaron de sus ramas.

Al ver esto, Wamba no lo dudó más y llamó a su esposa Sancha y a sus hijos, y se marcharon con los enviados a Toledo, la capital del reino godo.

Los enviados mandaron mensajeros a prevenir al Consejo del Reino que venía el rey. El Consejo, como un solo hombre, salió a recibirlo, seguido de todo el pueblo, mientras repicaban las campanas con alegría.

Así hizo su entrada el rey Wamba por la Puerta del Cambrón, la puerta más noble que adornaba a la gran Toledo, aunque cuando vio al alcaide de su palacio presentarle la espada según la costumbre, rogó en su humildad no llevarla, sino que sus hijos pudieran precederlo para mostrar que él prefería la paz y el amor a la guerra y la lucha, y así entró en la ciudad.

Y todo el mundo miraba desde su balcón y gritaba:

—¡Toledo y España por Wamba! ¡Y también por la reina Sancha!

Pero al extenderse el grito por el pecho del viejo padre Tajo, el dorado Tajo que refleja las glorias de toda España, el río lo fue repitiendo suave y feliz, aunque invirtiendo el orden:

—¡Toda España te aclama a ti primero, y luego a su capital Toledo!

Así condujeron al buen rey al palacio y allí lo bañaron, y allí recortaron su roja melena y la dispusieron de modo que no cayera sobre sus ojos, y desenredaron su barba, pero la dejaron larga y noble, y lo vistieron con una toga real bordada de oro con cuello de armiño, aunque él la hubiera preferido una de sobrio

Al extenderse el grito por el pecho del viejo padre Tajo, el río lo fue repitiendo suave y feliz: «¡Toda España te aclama a tí y a su capital Toledo!»

color, y colgaron de su pecho una cruz encarnada.

También ataviaron a la reina Sancha con una toga de terciopelo verde, festoneada de oro y joyas, con su hermoso cabello dorado sin ceñir, cayendo suelto sobre sus hombros hasta su palafrén.

Las damas se adelantaron y esparcieron flores por el suelo y llenaron el aire de bendiciones.

Y así avanzaron hacia la catedral para su coronación. Y todo el mundo corría a su balcón según iban pasando y gritaba:

—¡Toledo y España por Wamba! ¡Y también por la reina Sancha!

Pero al extenderse el grito por el pecho del viejo padre Tajo, el dorado Tajo que refleja las glorias de toda España, el río lo fue repitiendo suave y feliz, aunque invirtiendo el orden:

—¡Toda España te aclama a ti primero, y luego a su capital Toledo!

Como el rey David, sacado de su majada para gobernar al pueblo, Wamba fue muy buen rey. La historia habla de su reino como «la época de la sabiduría y la justicia». No tuvo que luchar, como soberanos posteriores de España, en su propia tierra contra los intrusos sarracenos, sino que hizo más, pues cruzó el mar para

Elección de Wamba como rey. Cuadro de Francisco de Paula Van Halen. 1843, Real Academia de Bellas Artes de San Fernando. Madrid.

poner coto al avance de su poderío en la costa africana y regresó remolcando doscientas setenta naves que su proeza había tomado al enemigo. Si igual determinación se hubiera demostrado en reinados sucesivos, los musulmanes nunca habrían podido poner pie en tierra cristiana.

No obstante, aunque sus súbditos lo respetaban y querían,

Wamba estaba destinado a no disfrutar mucho tiempo de la paz que amaba con tanto ardor. Los hombres ambiciosos que se habían disputado la corona antes de su subida al trono, persistieron en su agitación. Aparecieron pretendientes a la corona en Navarra y Asturias, e Ilderico, conde de Nimes, izó al mismo tiempo el estandarte de la rebelión en las provincias galas. Wamba marchó en persona contra Navarra y mandó a su general Paulo a Nimes, pero Paulo, en vez de ir a castigar al rebelde, buscó en su propio provecho la ayuda de Remismundo, duque de Cantabria, y se proclamó rey. Aunque lo habían hecho rey sin procurarlo él, Wamba decidió que el cetro que le habían confiado no debía perder nada de su autoridad a causa de su negligencia y, tan pronto como restauró la paz dentro del reino, se puso en marcha contra los rebeldes más lejanos, a los que pronto redujo también a obediencia. Paulo fue hecho prisionero en Narbona, junto con el grueso de sus partidarios, que fueron perdonados por intercesión del obispo, salvo el propio Paulo, al que habían encontrado escondido en una cueva.

Cuando lo llevaron a su presencia, Wamba le dijo:

—Te conmino ahora ante Dios a decirme si has tenido alguna queja de mí. ¿He hecho nunca nada que justifique tu rebelión?

—Como me preguntas en nombre de Dios —respondió Paulo—, solo puedo decir la verdad. Y debo decir por tanto que nunca he recibido males de tus manos, sino al contrario señaladas mercedes. Siempre me honraste en alto grado, y fue el diablo el que me descarrió.

Entonces le conmutó el rey la pena de muerte, pero hizo que le sacaran los ojos y se lo llevó cautivo a Toledo con una soga alrededor.

Influencia del celemín toledano en la cultura y la historia de España

FEDERICO DILLAS MAÑAS

CONSUELO SÁNCHEZ-CASTRO DÍAZ-GUERRA

El celemin o celemín toledano fue una unidad de medida de granos y áridos cuyo uso se extendió por gran parte de la Península Ibérica, adaptándose a las particularidades de cada región, y tuvo un papel fundamental en la economía y la sociedad de la España medieval y moderna. Su valor variaba según la región y la época, lo que generaba cierta complejidad en su uso.

Realmente era un recipiente de madera cuadrado dividido en cuatro cuartillos. Tres celemines equivalían a una cuartilla. El artefacto solía tener asa para llevar el grano contenido en él al ganado.

El origen del celemín se remonta a la época romana, donde

existía una unidad de medida similar llamada «modius». Durante la Edad Media, el celemín se convirtió en una medida común en los reinos hispánicos, aunque su valor variaba según en todos ellos. En Castilla, por ejemplo, un celemín equivalía a 4,625 litros y se empleaba en la venta y comercialización de áridos para cuantificar la cantidad de material. Además, en esta región, el celemín también era una medida agraria de superficie que equivalía a unos 537 metros cuadrados, ya que era el espacio necesario para sembrar un celemín de trigo.

El celemín toledano, en particular, adquirió relevancia a partir de la Edad Media, cuando la ciudad se convirtió en un importante centro comercial y político. Su valor se fijó en aproximadamente 55,5 litros y se convirtió en una unidad de referencia para el comercio de granos en la región. A lo largo de los siglos XVI y XVII, el celemín toledano se extendió a toda la Península Ibérica y fue utilizado para el pago de rentas, tributos y transacciones comerciales. Su uso se mantuvo vigente hasta bien entrado el siglo XIX, cuando fue sustituido por el sistema métrico decimal.

Tuvo un impacto significativo en la economía y la sociedad, ya que su uso como unidad de medida para el pago de rentas y tributos permitió a los campesinos cumplir con sus obligaciones sin necesidad de recurrir al dinero en efectivo, que en muchas ocasiones era escaso. Además, el celemín toledano facilitó el comercio de granos, al contar con una unidad de medida estandarizada que permitía a los compradores y vendedores entenderse fácilmente. Su uso también contribuyó a la transparencia de las transacciones comerciales al evitar confusiones y malentendidos.

Tenemos ejemplos que perduran hoy en día sobre innumerables actas testamentarias y contratos de rentas. Así, por ejemplo, durante los siglos XVI y XVII, el sistema de pago de rentas y tributos en Asturias y Galicia se

El celemín toledano facilitó el comercio de granos, al contar con una unidad de medida estandarizada que permitía a los compradores y vendedores entenderse fácilmente.

caracterizaba por la utilización de diversas unidades de medida y productos, entre los que destacaban los celemines toledanos de cereal. En estas regiones, el pago de rentas se realizaba principalmente en especie, utilizando productos como cereales, vino, aceite, lino y animales.

Los celemines toledanos de cereal eran utilizados para medir la cantidad de grano que debía entregarse como pago de la renta de la tierra. Este sistema permitía a los campesinos cumplir con sus obligaciones sin necesidad de recurrir al dinero en efectivo, que en muchas ocasiones era escaso. Además del pago en especie, también existían rentas que se pagaban en dinero. Éstas solían corresponder a tierras de mayor valor o a la utilización de determinados servicios, como molinos o fraguas.

Entre los tributos más comunes que se pagaban en especie se encontraban el diezmo, que era un impuesto eclesiástico que gravaba la décima parte de la producción agraria, y la alcabala, que era un impuesto real que gravaba las transacciones comerciales. El pago en dinero era más común en el caso de la alcabala y otros impuestos de carácter comercial.

A pesar de que el sistema de celemines toledanos de cereal se extendió por toda la Península Ibérica, en Asturias y Galicia presentaba algunas particularidades, una de ellas era la coexistencia de diferentes unidades de medi-

da para el grano, como la fanega y el ferrado, que también eran utilizadas para el pago de rentas y tributos. Otra particularidad era la importancia de la ganadería en la economía de estas regiones, lo que se reflejaba en el pago de rentas y tributos con animales, como vacas, ovejas y cabras.

En Asturias, el celemín se utilizaba como medida para el pago de impuestos, especialmente el «Voto de Santiago». Este impuesto, de origen medieval, consistía en una ofrenda anual de grano (generalmente trigo o cebada) a la Iglesia de Santiago de Compostela.

Ejemplos concretos del uso del celemín toledano como pago de rentas en Asturias, por ejemplo, podrían ser:

Un arrendatario de una casa rural debía pagar dos celemines de trigo y dos celemines de cebada al mes en concepto de alquiler.

· Un campesino que cultivaba tierras de un señor debía pagar 10 celemines de trigo al año en concepto de renta.

· Una comunidad de vecinos que utilizaba tierras comunales debía pagar cincuenta celemines de cebada al año a la Iglesia.

· Un arrendatario de una casa rural debía pagar dos celemines de trigo y dos celemines de cebada al mes en concepto de alquiler.

El uso del celemín como medida para el pago de impuestos estuvo ampliamente extendido durante siglos hasta la abolición de los derechos señoriales y la reforma de los sistemas de impuestos en el siglo XIX.

Es importante señalar que el uso del celemín como unidad de medida no se limitaba al pago de impuestos. También se utilizaba en el comercio y en la vida cotidiana para medir granos, legumbres y otros productos agrícolas.

A pesar de que esta medida ya no se utiliza en la actualidad, su legado perdura en la cultura y la historia de España. Su nombre y su recuerdo se mantienen vivos en la memoria colectiva, y su importancia en la economía y la sociedad de la época es innegable.

El celemín toledano es un ejemplo de cómo las unidades de medida pueden tener un impacto significativo en la vida de las personas y en el desarrollo de las sociedades. Su historia nos invita a reflexionar sobre la importancia de contar con sistemas de medición claros y transparentes que faciliten el comercio, la fiscalidad y la vida en comunidad.

FERNANDO PINILLA

El herrero de las frases

SANTIAGO SASTRE

Lo primero que llama la atención de Fernando Pinilla es su físico. Tiene una imponente presencia, ya que es alto. Habla despacio; paladea las palabras como si fuesen caramelos. Y sus respuestas siempre sorprenden porque tiene una visión peculiar, un punto de vista que se aleja de lo común o lo esperable. Es un escritor curioso en un doble sentido. Primero, porque es un hombre que vive escondiéndose, como recomendaba Buda; o se dedica con placer a cultivar su jardín, como diría Epicuro. No es muy dado a disfrutar de la vida social. Y, en segundo lugar, esa curiosidad es la que lo ha llevado a adentrarse en múltiples disciplinas como la filosofía, la pintura, la fotografía, la informática, los idiomas... Ha publicado tres novelas muy notables, en las que se ve desde lejos la maestría con la que maneja la prosa, como un herrero que golpea las palabras en el yunque hasta que las encuentra maleables y las usa para construir sus frases. Le gusta incluir referencias de otros escritores en los párrafos de sus novelas. Es partidario de que las novelas no sean de puro argumento, sino que incorporen breves chispas de ensayo. Y afirma: «Yo solo leo novelas que pueda subrayar, que tengan algo que me permita aprender y me llame la atención. La importancia del argumento es valiosa en el cine, pero en la literatura no, aquí lo relevante es la belleza de la prosa, la manera de decir las cosas».

—*Me gustaría que me hablaras de tu infancia y tu adolescencia.*

—Soy el mediano de tres hermanos. Nací en Gijón, donde viví hasta los catorce años. En 1976 nos mudamos a Las Palmas (tres años) y después a Madrid (unos diez). Vivo en Bargas desde hace más de treinta años. Juntos suman sesenta y dos. No fui especialmente feliz de niño ni tampoco lo contrario. Cumplía con mis tareas (estudios, deportes, relaciones) bastante bien pero sin más, sin destacar en nada.

—*¿Qué te llevó a estudiar Filosofía? ¿Cómo recuerdas tus años universitarios?*

—No sé con seguridad por qué me metí ahí. Me atraía lo que escuchaba, seguramente porque no lo entendía, pero sentía que me concernía más que, por ejemplo, la ciencia pura. Paradójicamente, ahora es la ciencia pura la que más me asombra, seguramente porque no la entiendo. Mi paso por la universidad fue determinante para mí.

No sólo el campus, las lecciones, sino también lo que sucedía a su alrededor y también fuera, a lo que me acercaban los compañeros de estudios (con los que, por cierto, apenas si he mantenido contacto): el cine, el teatro, la pintura, las conversaciones ingenuas, el amor... Qué jóvenes éramos.

Como dice Orlando, el protagonista de *El destino de los pájaros*: «la universidad fue emocionante al principio, y muy divertida, luego pasó a ser un oficio y acabó por convertirse en un penoso trámite». Entre otros, me enseñaron (o lo intentaron) Ángel Gabilondo, Félix Duque, Ludolfo Paramio, Javier Sádaba, Carlos París, Javier Ordóñez, José Jiménez, Carlos Thiebaut, Valeriano Bozal, Tomás Pollán. Ahora pienso en cuánto más podría haber rendido.

Los estudios (con los que, una vez más, cumplí sin sobresalir)

Entre otros, me enseñaron (o lo intentaron) Ángel Gabilondo, Félix Duque, Ludolfo Paramio, Javier Sádaba, Carlos París, Javier Ordóñez...

me conformaron ya para siempre (en la riqueza y en la pobreza). Aprendí a mirar, a pensar, a buscar... Y a sufrir también. Demasiadas dudas, demasiada debilidad, y escasa expectativa profesional (aquí no valen quejas: estaba más que avisado). Paralelamente a la universidad, estudié literatura, música, idiomas, dibujo... hasta mecanografía. Un barullo que me refleja perfectamente y que era y es incompatible con profundizar en nada. Aunque cueste creerlo, esa inseguridad adolescente y la consiguiente sensación de extravío desapareció hace muy pocos años, y está estrechamente relacionada con la publicación de las novelas. Lo que quiere decir que le debo a Jesús Muñoz mucho más de lo que él puede comprender.

—*¿Cómo fue después tu vida laboral?*

—No tengo derecho a quejarme y, sin embargo, no he hecho otra cosa en mi vida más que quejarme. Fui opositor, profesor (me confiesa que para ser profesor necesita que haya un alumno que quiera aprender y eso tristemente no lo encontró), informático, bancario. En este momento estoy en excedencia y el próximo julio me jubilaré. Nunca me gustó mi trabajo. Ningu-

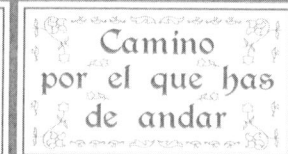

Camino
por el que has
de andar

Fernando Pinilla Infiesta

no de los que he hecho. Tal vez debería haberme dejado de historias y haber aprendido un oficio y haberlo desempeñado modestamente. Pero entonces no sería el que soy.

—¿Qué te llevó a vivir a Toledo?

—El trabajo. En los años 80 se produjo una renovación informática muy grande en las empresas españolas, puede que en todos los sectores pero particularmente en la banca. IBM (la multinacional informática) contrató por entonces a muchísimos trabajadores sin atender demasiado a su perfil profesional. Los únicos requisitos que pedía eran: estudios superiores y cierto nivel de inglés, además de superar las consabidas entrevistas posteriores. Yo era entonces profesor de inglés y humanidades en un colegio de Madrid y estaba muy desencantado, tanto con mi desempeño como con el sueldo, que era ridículo y no me alcanzaba para independizarme. Un conocido de mis padres les habló de la oferta de IBM (él era directivo allí) y me presenté. Aunque no dudo de que él influyera, yo cumplía los requisitos del puesto. Me contrataron, me formaron y desembarqué en la Caja de Ahorros de Toledo. Fue en 1990.

—He visto que empezaste tus

andanzas literarias con la publicación de La locura de Paño-
lero. Me gustaría que me hablaras de este texto que fue pre-
miado.

—No era la primera vez que me
premiaban un cuento pero aquello fue un disparate en cuanto a
la calidad del jurado y el impor-
te del premio. Diría que fue en
el año 2000 pero no estoy segu-
ro. El premio FUNCAS (Funda-

ción de Cajas de Ahorro) quería
recuperar el antiguo y prestigioso «Hucha de Oro» y echó el resto. En el panel estaban Juan
Cruz, Juan Manuel de Prada, Armas Marcelo y Miguel García-Po-
sada. Lo presidía Cela, que su-
pongo que puso el nombre y nada
más. Dudo que leyera una sola
línea. El lema del concurso era
algo así como «Acciones y con-
ductas ejemplares». Presenté

> *El pensamiento crítico es subversivo.
> Ante esto no puede extrañar que haya grupos
> que teman. Las palabras tienen mucho poder.
> También yo siento miedo cuando oigo según
> qué palabras dichas en las plazas públicas.*

tres relatos y ganó uno de ellos. La narradora es una chica que recuerda cómo su hermano malvivía como mendigo vendiendo pañuelos de papel en un semáforo. La última vez que lo leí me volvió a parecer bueno y, aunque me esté mal decirlo, creo de verdad que era mucho mejor que los demás que premiaron. En él ya está el tipo de escritura que he perseguido. No sé en qué momento dejó de interesarme el género pero poco después dejé de escribir relatos cortos.

—*En 2012 publicaste* Camino por el que has de andar, *en el que acudes a una historia que sucede en la primera mitad del siglo XIV pero es narrada en el siglo XV y está relacionada con Juan Ruiz, el autor del* Libro de buen amor. *Juan Ruiz sufrió reclusión por ese famoso texto. Me gustaría preguntarte por la importancia de la libertad de expresión, si consideras que hoy está amenazada. Y también por tu visión de la relación entre la fe y la razón.*

—Cualquiera sabe que la libertad siempre está amenazada porque el pensamiento crítico es subversivo. Ante esto no puede extrañar que haya grupos que teman. Las palabras tienen mucho poder. También yo siento miedo cuando oigo según qué palabras dichas en las plazas públicas. Lo chocante es que los que de manera más grosera claman por su derecho a hablar suelen ser quienes con más fiereza aspiran a arrebatárselo a los que no les secundan. No soy nada original diciendo esto. El poder de la palabra desnuda sabe hacer frente a las armas. No siempre gana, pero hasta ahora nadie la ha derrotado. Hacen bien en temer a la libertad quienes la persiguen. Y debemos cuidarnos del uso barato que a veces hacen de ella desde las instituciones los que están por mandato obligados a cuidarla y fortalecerla. Esa libertad laica fundada en la razón es, para mí, el único camino. Perdí pronto la fe religiosa en la que fui educado (nací en una familia

> *Si el sueño de la razón ha producido monstruos, la ceguera de la fe los ha alentado en igual o mayor medida. No veo que tengamos arreglo.*

---

católica y estudié con los jesuitas) y nunca más la busqué ni me fue dada. Lo que no impide que me sienta encharcado por una espiritualidad sin dios que considero la base del humanismo por el que me rijo y que justifica mi oposición a las fronteras, a los nacionalismos, a los privilegios, a las persecuciones ideológicas... Y eso es, me temo, lo que me ha convertido en un tipo desesperanzado y a la vez bastante ingenuo y un poco bobo. Si el sueño de la razón ha producido monstruos, la ceguera de la fe los ha alentado en igual o mayor medida. No veo que tengamos arreglo.

—*En el 2017 publicaste* Memoria y sombra. Un paseo por Toledo. *Me gustaría saber cómo es la presencia de Toledo en tu literatura, si realmente consideras la ciudad como uno de tus personajes.*

—El librito tiene dos partes. La primera recoge una serie de artículos que había publicado uno o dos años antes en el periódico *La Tribuna de Toledo* y la segunda, de la que finalmente se tomó como título del libro, es un relato un poco más ambicioso (tampoco mucho) que detalla el trayecto de un pasajero desde la estación de tren hasta el barrio de la Antequeruela (mi preferido), en el que había vivido en el pasado. Todo cuanto sucede, ya sea en la primera parte o en la segunda, ocurre en favor de Toledo y sus calles. Toledo es, en todo el texto, el único personaje. Las figuras que se mueven en sus paisajes sólo son comparsas.

En el prólogo digo que pese a llevar más de treinta años instalado en Toledo, sigue siendo (lo será ya para siempre, sin remedio) una ciudad visitada a la que sólo puedo ver como un forastero. El motivo está sin duda en que no fue la ciudad de mi infancia y, en consecuencia, no puedo hacerla a mi medida. Sólo la vivo desde su historia. Esto está bien, es emocionante, pero no me afecta personalmente. Para mí es, efectivamente, un personaje magnífico de novela pero, a diferencia de otros con los que me he entretenido, no tiene nada de mí, no tiene ningún retazo mío.

—En el 2022 aparece tu libro Las arrugas del mundo. *Creo que uno de los rasgos de tu literatura es la referencia a elementos culturales (cine, arte, poesía, etc). Me gusta esa visión que añade a la novela una especie de dimensión ensayística, que no la reduce a puro argumento. Este libro tiene una referencia especial la fotografía.*

—Me conmueve oirte decir esto porque es justamente lo que pretendo hacer y si lo consigo, al menos un poco, sin estropear al resultado final, quiere decir que me acerco a lo que busco. No es el camino más fácil para llegar a muchos lectores pero es lo único que sé hacer o, al menos, lo único que quiero hacer. También lo que más me gusta leer, lo que más me enriquece, un tipo de literatura reflexiva, menos anecdótica, menos de peripecia. Esta otra orientación me parece fundamental, por ejemplo, en la novela negra (de eso sabes tú más que yo), un género que frecuento con verdadero gusto y donde justamente me suele estorbar la introspección, la evocación... Ahí quiero acción pura. Pero en las novelas que no son, digamos, «de género», me interesa poco la interacción y su descripción detallada, o la acumulación de personajes. Veo ese lenguaje y ese estilo más propios del cine o la televisión. En la literatura no me interesa. Y seguramente me equivoco porque las ventas y el éxito van mayoritariamente en esa dirección. Me parece que es un asunto que me escuece porque me descubro pensando en ello y maldiciendo con demasiada frecuencia.

Las artes en general (en particular el cine, la literatura, la fotografía) son mis únicos intereses y los elementos a los que remite necesariamente también el discurso de las novelas. Me interesan las novelas que se pueden subrayar, no las que son puro argumento, que es algo que puede funcionar en el cine, pero no en la literatura, en la que es más importante el cómo frente al qué contar. El protagonista de *Las arrugas...* es fotógrafo sin querer, o a su pesar, sin habérselo propuesto, sólo porque otros le dijeron que lo era. Fue una buena excusa para incluir algunas fotos a lo largo del libro. En eso son maravillosas las novelas de Sebald, en las que es imposible saber qué fotos respaldan la verdad del texto y cuáles nos cuela de rondón. Por su parte, el protagonista de *El destino...* es poeta y editor, y se sabe un privilegiado por no haberse tenido que ganar la vida en el mundo. No sé si el arte depende de que los críticos lo bauticen (esa discusión es vieja y no tiene fin) pero el artista sobrevive mal sin esa bendición. Sólo los más valientes empeñan el alma en ello a todo trance. Yo, desde luego, no soy como ellos.

—*En el 2024 aparece, en la editorial KRK de Oviedo tu novela* El destino de los pájaros. *En ella un poeta y editor tiene que regresar a Gijón ya que le ponen su nombre al colegio donde estudió de niño. Parece un libro en el que se hace balance de la memoria y del papel de la literatura. Me gustaría que me hablaras del papel de la memoria en tu literatura.*

—Es curioso pero, pese a todo, yo no diría que la memoria tiene en mí demasiada importancia a la hora de escribir. Para empezar, mi memoria, digamos «episódica», no es demasiado buena. No recuerdo muchas cosas del pasado, de mi infancia, por ejemplo. Sólo conservo trazos muy gruesos. No me sorprendería que, si efectivamente está presente en lo que escribo (el concepto, su sentimiento) fuera porque sospecho su importancia pero no porque tenga la capacidad de recrearla con fidelidad. En contra de lo que sé que parece, no hay demasiado contenido au-

> ## No sé si el arte depende de que los críticos lo bauticen, pero el artista sobrevive mal sin esa bendición. Sólo los más valientes empeñan el alma en ello a todo trance. Yo, desde luego, no soy como ellos.

tobiográfico en *El destino*... (ni en las anteriores). Sí comparto veladamente algunos recuerdos de los paisajes donde transcurren la acción (Madrid, Zamora, Gijón), y algunas semblanzas, pero también en eso la novela está llena de trampas, tiene muchas «trapacerías», como diría mi madre. Todo es pasado, y hay que andar listo porque si no se presta atención las cosas (lugares, rostros, sucesos) se escapan sin remedio. Y yo no suelo andar muy listo, esa es la verdad. Como el protagonista de *Las arrugas*...

aun sin querer, «siempre he sido de esa clase de individuos de los que hablaba Félix de Palma, a los que el cuidado del jardín interior no deja demasiado tiempo para preocuparse de lo que pasa en la calle». Que es una manera piadosa de describir lo que toda la vida de Dios se ha llamado «no enterarse de la misa la media» o bien «andar atontao». Así me va.

Pero acabas de darme la clave para el comienzo de la novela con la que estoy ahora. Dudaba entre dos arranques pero, por tu culpa, definitivamente me quedo con este: «Cambio mucho de opinión sobre las bondades de la memoria y la conveniencia de recordar el pasado».

—*Pienso que en tus novelas tiene más peso el estilo, con una manera de narrar, que el argumento. ¿Es así? También me podrías citar algunos escritores que sean referentes para ti.*

—Ahora es cuando me pongo pedante sin remedio: Sófocles y Shakespeare ya dijeron todo lo que merecía ser dicho. Ellos desnudaron todas las pasiones, todos los sentimientos, todas las pulsiones, todas las almas; lloraron todas las lágrimas, lucharon todas las batallas y amaron todos los cuerpos de todas las maneras posibles. No hay nada nuevo que contar. De manera que si la tarea de volver a decir (necesariamente peor) lo que ya está dicho nos sigue pareciendo útil (necesaria, fundamental, vital) el empeño tenemos que ponerlo en el modo en cómo lo decimos. Dudo que yo tenga alguna posibilidad de éxito pero es lo que hay que hacer. Porque como Velázquez ya pintaba Velázquez y como Galdós ya escribía Galdós.

Corazón tan blanco, de Javier Marías, fue el libro capital para mí, con el que empezó todo. ¡Ya estaba cerca de la treintena! y había leído poco y mal hasta entonces. Lo compré en una librería-papelería de Conil de la Frontera, en el verano de 1992, el año de su publicación. No sabía que se podía escribir así. Tengo la impresión de que ni Marías lo sabía y lo descubrió ahí. Yo no debo aparecer bajo ningún concepto en la misma frase que Javier Marías pero así fue. Después vinieron Bernhard y Sebald, y también Carrere, Coetze o Banville. A Muñoz Molina le quise mucho. También me gusta (cuando me gusta) Ricardo Menéndez Salmón (gijonés como yo) y últimamente me lo he pasado estupendamente con Juan Tallón y Juan Gómez Bárcena. Me estoy dando cuenta de que todos los autores son chicos. Me lo tengo que hacer mirar.

—*¿Por qué hay tan pocos diálogos en tus novelas?*

—Lo veo muy difícil, porque me

Sófocles y Shakespeare ya dijeron todo lo que merecía ser dicho. Ellos desnudaron todas las pasiones.

parece que se queda solo en un plano coloquial y eso no funciona cuando se trata de hacer literatura, ya que hay que trabajar de forma artesana la prosa.

—*Has vivido inmerso en la actualidad toledana a través de tus artículos en el periódico* La Tribuna de Toledo. *¿Cómo ves Toledo? Pero en especial me gustaría que me dijeras lo que más te gusta y lo que menos de la ciudad.*

—Voy a dar un rodeo. Jesús Muñoz me pidió hace un tiempo que escribiera un libro para la colección de Ledoria «Toledo 10». Lo titulé «10 calles con nombre de mujer» y aún no está publicado. La calle número 3 (que no es una calle) está dedicada a El baño de la Cava y lleva por título «¿Quién mató a la leyenda?». Cuenta las peripecias de la inspectora Guillermina Wild para encontrar al asesino de la Cava, cuyo cuerpo

Cuatro calles

ha aparecido flotando en el río. Cuando su jefe le pregunta quién cree que puede haber sido, la inspectora le responde lo siguiente: «No sé, jefe. He empezado a anotar candidatos y me sobran. Tengo la impresión de que la ciudad ya no puede más con tanta leyenda y tanto cuento. Ha quedado sólo para eso. Parece un parque temático. Sospecho que la gente joven necesita algo más que leyendas, tiendas de espadas y toures turísticos. Dedicándose a contemplar las pasadas grandezas, se atiende mal al problema de todos los días. Con la panza vacía y la cabeza poblada de dorados recuerdos, los dorados recuerdos se van cada vez más lejos y al final, y sin que nadie llegue a confesárselo, ya se duda hasta de que hayan sido ciertos alguna vez. Perdone, jefe. Me ha venido eso a la cabeza de repente, no sé de dónde ha salido. Pero mi impresión es que algo de eso hay en este asesinato, y por eso me da que pudo ser cualquiera. Y cualquiera es mucha gente.

Piensa una última palabra, una última razón para querer matar a Florinda: Juventud hastiada. Abandono. Frustración... No acaba de gustarle. ¿Y si este fuera sólo el primero de muchos otros asesinatos de leyendas? Hasta que la ciudad deje de pensar sólo en su pasado fabuloso y se ponga a correr hacia el futuro. Clamor. Necesidad».

Lo que dice Guillermina lo digo yo también. Mis dos hijas ni se plantean la posibilidad de volver a vivir en Toledo. La mayoría de los hijos de los compañeros con los que he trabajado han tenido que buscar trabajo fuera de aquí. No tengo muchas más referencias pero las que tengo apuntan en la misma dirección.

—*¿En qué proyecto literario andas metido en estos momentos?*

—He terminado de corregir una novela (que entregaré a fin de mes y que espero que Benito Noriega, el editor de KRK, acepte publicar) titulada *Traidor* y que es una falsa biografía novelada del exlíder sindical minero José Ángel Fernández Villa, a quien en septiembre de 2018 la Audiencia Provincial de Oviedo condenó por apropiación indebida. Ojalá la vea impresa y pueda dedicarte un ejemplar. Y, como ya te he dicho, estoy escribiendo (de momento es sólo un esbozo) una novela que empieza como hemos acordado. Por ahora se titula *Marca de nacimiento*. He decidido pararme a pensar un poco en mi padre porque me parece que es un buen modo de pensar en mí. Ya veremos en qué termina.

Navalcán y las misiones pedagógicas (1932)

RAMÓN SÁNCHEZ GONZÁLEZ

In memoriam Ángel Sánchez Vázquez, mi amigo navalqueño.

La educación durante la II República, en particular en sus primeros años, se erigió en uno de los ideales más defendidos. Un consenso generalizado entre los estudiosos así lo reconoce. Nunca como hasta entonces la enseñanza primaria y la valoración de las maestras y maestros diseminados por aldeas y ciudades alcanzó niveles tan avanzados de reconocimiento. La cuidada formación de esos docentes en las Escuelas Normales del Magisterio y la creación de miles de centros escolares para paliar las seculares carencias se convirtieron en los pilares de la nueva instrucción. En este loable afán por transformar radicalmente la educación y extenderla a todas las capas sociales, con especial predilección hacia las más desprotegidas, pobres y abandonadas, una de las expresiones más luminosas fue la creación de las Misiones Pedagógicas.

Conviene empezar por la reproducción de un fragmento del «manifiesto» de obligada lectura al llegar a los pueblos, escrito por el impulsor de la iniciativa y presidente del Patronato creado, Manuel Bartolomé Cossío: «*Es natural que queráis saber, antes de empezar, quiénes somos y a qué venimos. No tengáis miedo. No venimos a pediros nada. Al contrario; venimos a daros de balde algunas cosas. Somos una escuela ambulante que quiere ir de pueblo en pueblo. Pero una escuela donde no hay libros de matrícula, donde no hay que aprender con lágrimas, donde no se pondrá a nadie de rodillas, donde no se necesita hacer novillos. Porque el Gobierno de la República, que nos envía, nos ha dicho que vengamos ante todo a las aldeas, a las más po-*

Baile típico en la plaza de Navalcán, hacia 1929. Diputación de Toledo.

bres, a las más escondidas, a las más abandonadas, y que vengamos a enseñaros algo, algo de lo que no sabéis por estar siempre tan solos y tan lejos de donde otros lo aprenden, y porque nadie, hasta ahora, ha venido a enseñároslo; pero que vengamos también, y lo primero, a divertiros. Y nosotros quisiéramos alegraros, divertiros casi tanto como os alegran y divierten los cómicos y titiriteros... es para todos, chicos y grandes, hombres y mujeres, pero principalmente para los grandes, para los que se pasan la vida en el trabajo, para los que nunca fueron a la escuela y para los que no han podido volver a ella desde niños, ni tenido ocasión de salir por el mundo a correr tierras aprendiendo y gozando».

Este extenso párrafo resume en esencia las claves y los ideales de la innovadora propuesta educativa: educación popular, gratuita, infantil y de adultos, «enseñar deleitando» que decía Horacio, escuela ambulante que recorrió durante los años de existencia más de mil localidades.

Alejandro Tiana en el documentado libro *Las misiones pedagógicas* (Madrid, 2021) establece con precisión algunas notas merecedoras de ser consignadas en este breve artículo: proyecto de educación popular en la línea de la implantada en Europa desde finales del siglo XIX y más tímidamente en España a principios del XX (clases vespertinas de adultos, aulas dominicales, universidades populares, cursos profesionales); dirigida prioritariamente a jóvenes sin escolarizar, a adultos no alfabetizados; instrucción recreativa ajena al ámbito escolar; voluntad de actuar en el mundo rural y de llevar la cultura al campo, a la aldea, a los pueblos; inspiración reformista en el contexto de todas las transformaciones promovidas por la segunda República.

Navalcán fue una de las villas pioneras en la puesta en marcha de tan ambicioso plan pedagógico, en concreto fue la segunda después de la desarrollada en Ayllón (Segovia). La estancia tuvo lugar el 27 de enero y se prolongó hasta el 1 de febrero de 1932, y los municipios visitados además del ya mencionado, Parrillas, Velada y Gamonal. De la lectura de la obra *Patronato de Misiones Pedagógicas* (Madrid, 1934) donde se recogen noticias de las *Memorias* redactadas entre septiembre de 1931 y diciembre de 1933, de la prensa de la época y

Niña bordando en Navalcán. La fotografía fue realizada por un miembro del equipo de Misiones Pedagógicas, en 1932.

de algunas investigaciones sobre esa temática, se extrae una información bastante completa de lo ocurrido en los cuatro días de permanencia del equipo desplazado.

En una crónica periodística aparecida en el periódico *Luz*, de 2 de febrero de 1932, se ofrece una descripción del lugar que permite atisbar algunas referencias curiosas —mal estado de las calles— y dos ocupaciones muy arraigas allí y en la zona —cerámica y bordados—: «*Al fin, Navalcán; un pueblo grande, de 3.800 habitantes* [en la actualidad 1.900, la mitad], *lejano de las rutas, encerrado en sí mismo. Las calles son un barrizal de detritus. Si el agua corriera y no se estancara las llamaríamos arroyos. Pero, a veces, por una entornada puerta, se entrevé una limpia cocina de paredes encaladas, donde penden docenas de platos de Talavera, cuyos mismos dibujos azules repite secularmente el tejedor en los pañuelos y chales de las mujeres*».

Equipo de «misioneros»

Estaba compuesto por seis personas —tres varones y tres mujeres, dato relevante la presencia paritaria, ahora que tanto se exige— de hondas inquietudes y esmerada formación. Fueron ellas María de los Llanos Quiles [Martí], maestra en Montalbán, directora en 1934 de una escuela graduada en Madrid y vocal de un tribunal para proveer dos plazas de profesoras numerarias de Cultura Primaria en el Colegio Nacional de Sordomudos de Madrid. Matilde Moliner Ruiz, educada en la Institución Libre de Enseñanza (ILE), catedrática de Geografía e Historia del instituto de Talavera y después en el Cervantes de Madrid, donde le sorprendió la guerra civil, pensionada por la Junta de Ampliación de Estudios (JAE) para realizar estudios en París y Londres, y secretaria del Patronato (desempeñaría más puestos de responsabilidad), hermana de la lexicógrafa María Moliner, publicó varios manuales y libros de texto de Geografía.

Las calles son un barrizal de detritus. Si el agua no se estancara las llamaríamos arroyos. Pero a veces, por una entornada puerta, se entrevé una limpia cocina de paredes encaladas.

Matilde Moliner Ruiz y María Luisa Navarro Margothi, integrantes del equipo desplazado a Navalcán.

María Luisa Navarro Margothi de Luzuriaga (así figura por estar casada con el intelectual y pedagogo Lorenzo Luzuriaga), vocal del patronato, nació y murió fuera de España (Marsella y Buenos Aires respectivamente), educada en los principios de orientación krausista, estudió en la Asociación para la Enseñanza de la Mujer, instituto similar a la ILE, se graduó en 1912 en la primera promoción de la Escuela de Estudios Superiores del Magisterio, en la sección de Letras, becada por la JAE viajó a Alemania con el fin de cursar estudios pedagógicos, traductora y pedagoga en la década de los 30 desplegó una intensa actividad a favor de las mujeres.

Por lo que concierne a los varones del grupo, se trata de Guillermo Fernández López Zúñiga, conquense, profesor auxiliar del instituto-escuela de Madrid, cineasta que da sus primeros pasos con el advenimiento de la República, director de la Filmoteca y del Servicio de Cinematografía del Patronato. Rafael Fisac Clemente, oriundo de Daimiel, profesor de Matemáticas y de Física en el Instituto de Segunda Enseñanza de Talavera de la Reina (pasaría después a Ciudad Real y luego a Madrid), colaborador del

Patronato y más tarde académico de número en 1934 de la Real Academia de Doctores de España en 1940; perteneciente a una familia de vocación docente (su hermano Domingo, catedrático de Geografía e Historia en Ciudad Real, y su hermana Mercedes, profesora de Música en la Escuela Normal de esa capital), era familiar del arquitecto Migue Fisac; desempeñó en la capital manchega durante unos meses de 1939 el cargo de director de la estación meteorológica. El último componente, César Rodríguez, maestro en Madrid, colaborador.

Un periodista desplazado al lugar con el encargo de escribir una crónica se deja arrastrar por el entusiasmo, la retórica, incluso la exageración e inexactitud y no escatima elogios hacia el equipo de colaboradores: «*Los jóvenes de la Misión se presentan con atuendo de deportistas: en jersey, descubiertos, la tez curtida y soleada. El fútbol, las carreras, la moto están desembocando en esto. La fuerza, la sana alegría, el ánimo aventurero, dispendiados inútilmente en el deporte, dan aquí un rendimiento. El espíritu ha puesto en esta energía su turbina y la utiliza. Estos jóvenes trabajan en la Misión desde las nueve de la mañana hasta las diez de la noche, sin ahorro de actividad,* ex abundantia cordis. *Son electricistas que instalan el cine, recitadores, cantantes, maestros, todo en una pieza. Así quince días. Al retirarse dejan en las escuelas una biblioteca, un gramófono, un cine. Y hay el propósito de dotar de aparatos de radio a estos pueblos apartados, herméticos. Y desde luego volver, volver varias veces. ¡Si esto se hiciera a un mismo tiempo en mil aldeas de España!*».

Recibida la expedición con desconfianza e incomprensión, «*desorientada por algunos manejos políticos*», pronto las suspicacias desaparecieron y en un clima de patente cordialidad celebraron dos sesiones diarias en las aulas estudiantiles, lecciones escolares, juegos y excursiones —no serían muy largas por el clima de enero— y conferencias en la Casa del Pueblo.

Pronto las suspicacias desaparecieron y en un clima de cordialidad celebraron dos sesiones diarias en las aulas.

Guillermo Fernández López Zúñiga, cineasta autor de un documental titulado *Boda en Navalcán*, lamentablemente perdido.

Veamos con mayor precisión el programa de tareas realizadas en el periodo de permanencia en la zona. A través de las fuentes de información citadas se puede reconstruir las acciones llevadas a cabo. Cuando llegan a Navalcán, por la tarde, encuentran un lugar en plena celebración de las Fiestas de San Pablo, recibidos a modo de compañía de circo y al grito de «*Aquí están los republicanos. Vienen a hacernos función*», de inmediato hacen el primer acto cultural, auxiliados por los maestros en los preparativos —instalación de luces del cine, cajones, bancos—, consistente en una proyección de cine. En el campo de la imagen y, considerado un elemento digno de subrayar, Guillermo Fernández, rodó el documental titulado *Boda en Navalcán* en el que se recrea el enlace matrimonial con innumerables vecinos ataviados con los trajes bordados típicos de la zona. Lamentablemente no se conserva ninguna copia.

Se hizo entrega de una biblioteca, elemento fundamental para los diseñadores del programa en un loable afán de acercar la lectura al pueblo, pese al muro difícil de franquear del analfabetismo tan extendido. Los libros entregados en los colegios, un centenar, tenían que ver con disciplinas variadas, Historia de España, Geografía, Agricultura, Literatura, Arte (reproducciones de obras), Ciencias Naturales, Biografías... Algunos títulos concretos mencionados son *Vida de las abejas*, *Vida de las hormigas*, *Grandes exploradores de España*, cuentos de Andersen, fragmentos del *Ingenioso Hidalgo Don Quijote de la Mancha*, *Iliada*, *Odisea* —curiosa y llamativa la presencia de Homero para público tan iletrado—, *Historia de la Tierra*, *Vida de los astros*, exploraciones de Amundsen, semblanzas biográficas de Stephenson, Edison, Franklin.

La música estuvo presente de dos formas. Por un lado, con audiciones musicales, en los locales escolares, efectuadas varias veces, muy bien acogidas con nutrida presencia de navalqueños siendo los discos de cantos regionales y la música popular los de mayor aceptación; algo menos la clásica, más minoritaria. El gramófono utilizado también les sirvió para explicaciones didácticas. Por otro lado, aprovechando la presencia del ministro Fernando de los Ríos se organizó en la plaza pública un baile popular con mozas y mozos engalanados con las vestiduras y adornos antiguos interpretando jotas veratas, al son de guitarras e instrumentos populares (almirez).

El programa, desarrollado en las escuelas públicas con asistencia de niñas, niños y personas mayores, incluyó unas explicaciones de la historia de España, lecciones de Lenguaje, recital de romances y poesías de poetas cuyas obras tienen un sabor popular, tales Marquina, Gabriel y Galán, Enrique Mesa.

No faltaron juegos, excursiones, así se mencionan, aunque por las fechas del año, en pleno crudo invierno, no debieron ser ni frecuentes, ni largas, ni de-

El programa desarrollado en las escuelas públicas, con asistencia de niños, niñas y personas mayores, incluyó explicaciones de historia de España, lecciones de Lenguaje, romances y poesías.

Niños asistentes a una de las actividades de Misiones Pedagógicas.

masiado provechosas. Hay, incluso una mención a títeres llevados por los responsables de la misión.

El último día, domingo 23, después de la actuación de Misiones, en la Casa del Pueblo, tiene lugar una reunión con medio centenar de obreros afiliados al partido socialista quienes muestran el humilde local. «*Poca luz, paredes de adobe, reflejos rojos de la lumbre de leña, caras fatigadas y curtidas, parece aquello un aguafuerte*». Con discos organizan un pequeño concierto. No obstante, la reunión reviste un tinte político y entre tanto uno de los presentes lee un artículo sobre la CNT y la FAI y otro «*de los reunidos hace manifestaciones encendidas en odio*». La circunstancia es aprovechada por María Luisa Navarro para hacer una llamada a la cordura e intentar introducir ideas de tolerancia y respeto. En un clima de familiaridad, la emoción sube de un punto, y otro de los asistentes, preso en 1917, no puede contener las lágrimas al recordar aquel episodio. Queda claro que las Misiones, junto a las actividades puramente instructivas, objeto de su labor, desempeñaron otras labores más políticas con determinados sectores afines a sus ideas.

Visita del ministro

Recibieron la visita del ministro Fernando de los Ríos, cuando apenas había transcurrido un mes de la toma de posesión de la cartera, del inspector jefe provincial y de maestros y autoridades de los ayuntamientos circunvecinos. Circunstancia tan poco corriente propició la atención de la prensa y, de rebote, nos permite obtener más información. Corpus Barga, periodista y escritor muy comprometido con la causa republicana en un artículo publicado en el diario *Luz* (2-II-1932), recoge informaciones interesantes sobre las horas pasadas en el vecindario del político socialista. Para honrar al jerarca por su presencia «*se han vestido de charras del Oriente las navalqueñas, con sus peinados japoneses; con sus collares, pañuelos y refajos de colores brillantes, y los navalqueños, de charros severos, completamente occidentales*». En una ceremonia sencilla, el ilustre mandatario entregó una colección de libros a las escuelas y dirigió una alocución a los vecinos exhortándoles a cumplir sus deberes cívicos, «*un llamamiento a la cordura, a la reflexión, en términos sencillos, ungidos de emoción, que a todos hieren en lo hondo*».

Tras una comida en casa del médico, Rey Larramendi, por la tarde en el centro de la población tuvo lugar un baile popular a manera de despedida, semejante a los días de boda, portando la indumentaria de gala usada en las grandes festividades.

En Navalcán podemos descubrir en su autenticidad el espíritu que animó a las misiones pedagógicas y los recursos desarrollados: biblioteca, música, representaciones, cine... La recepción al grupo de entusiastas misioneros es una clara muestra de la acogida recibida en los incontables pueblos recorridos, oscilante entre el entusiasmo, el recelo desconfiado y el rechazo inducido, la mayoría de las veces disipado al constatar lo realizado.

En la localidad toledana observamos igualmente unos rasgos que nos permiten comprender los aspectos más singulares del modelo pedagógico diseñado por las autoridades educativas republicanas, una empresa de considerable envergadura: extenso número de municipios visitados (sin entrar en la siempre discrepante cifra, superaron las mil), la inversión económica considerable puesta en juego por el Gobierno para su funcionamiento, el gran número de personas im-

Joven de Navalcán ataviada con el traje típico.

plicadas, sobre todo gentes integrantes del mundo docente, maestros, profesores de instituto, inspectores, pedagogos...

Con todo, conviene no idealizar en extremo sus propuestas —y sus éxitos—, por muy atractivas que resulten sobre el papel y meritorias en la ejecución. En este sentido, es preciso recordar la existencia de voces críticas que valoran las misiones pedagógicas como un proyecto romántico, paternalista, voluntarista. Manuel Tuñón de Lara las calificó de «*utopismo educacional*», y pese a reconocerlas una «*obra generosa*», duda de su eficacia si no se cambian las estructuras. La conceptualización de «*apostolado del diablo, corruptor de pueblos, enardecedor de revolucionarios*» dada en los primeros años del franquismo, no merece comentario; la frase habla por sí sola.

«*El turismo es hoy algo así como la receta en la que queremos encontrar remedio para todos nuestros males. ¿Toledo se salvará por el turismo? No. Toledo aliviará sus males con los ingresos que el turismo le proporcione. Nada más, y esto siempre que los servicios estén perfectamente atendidos y se den mayores facilidades y se disponga de una más perfecta organización para poder ofrecer al visitante todo cuanto de grande encierra nuestra incomparable ciudad.*

Hombres entusiastas, capaces, desinteresados, amantes de nuestra ciudad, se necesitan. Muchos figuran. Algunos, muy pocos, de esas condiciones existen. Los demás habrán de surgir».

▬ ▬

Manuel Conde en *Heraldo Toledano*. 9 febrero 1929.

▬ ▬

El coronel Lagarde, un personaje singular

JOSÉ LUIS ISABEL

Eduardo Lagarde Aramburu nació en Toledo el 28 de febrero de 1883, del matrimonio formado por Nemesio Lagarde Carriquiri, natural de Pamplona, militar del Cuerpo de Ingenieros, y por Dolores Aramburu Machiáin, nacida en Guadalajara. Fue el mayor de los seis hijos, habiendo nacido también en Toledo los dos varones que le seguían, Alberto y José. Nemesio Lagarde fue profesor de la Academia General Militar de Toledo entre 1883 y 1892, en 1896 pasó a la situación de supernumeario y fijó su residencia en Toledo, donde dirigió una academia de preparación para el ingreso en la de Infantería, que estableció en su casa, en la calle de la Puerta Llana, 6, y que más tarde trasladaría a la de la Trinidad núm. 16. En julio de 1902 se le concedió el retiro provisional y falleció en ese mismo año, haciéndose cargo de la academia

su viuda, situándose entonces en la calle de la Ciudad núm. 5.

La familia procedía de Navarra y Francia, siendo los bisabuelos paternos y maternos originarios del país vasco francés. Tío abuelo suyo fue Nazario Carriquiri Ibarnegaray, destacado personaje de mediados del siglo XIX, que participó en 1841 en el levantamiento de O'Donnell en Pamplona, en oposición al general Espartero. Fue banquero, tuvo negocios con el Duque de Riánsares y con el Marqués de Salamanca, fue administrador de la reina María Cristina, uno de los creadores de la red ferroviaria del Norte de España y construyó el muelle valenciano del Grao. Fue diputado y senador por Navarra, amigo no solo de O'Donnell sino también de Narváez y Prim, y dio nombre a una prestigiosa ganadería de reses bravas, que a principios del siglo siguiente sería adquirida por Cobaleda. Nazario llegó a amasar

Eduardo Lagarde en 1911

A finales de diciembre de 1917 fue nombrado secretario de Causas de Larache, interrumpiendo su trabajo al año siguiente para disfrutar de cuatro meses de licencia en La Habana, con el fin de solucionar asuntos relativos a un negocio que los familiares de su esposa, la gallega Emilia Caruncho Astray, tenían en dicha Isla. Segundo Caruncho, fallecido por entonces, había fundado una gran tabaquera en La Habana.

En 1920 pasó a formar parte de una comisión que durante tres meses viajó por Francia, Bélgica e Inglaterra con el fin de realizar estudios sobre Educación Física, al tiempo que asistía a los Juegos Olímpicos de Amberes. En 1921 fue de nuevo comisionado, viajando a Francia y Bélgica para estudiar la mencionada materia y perfeccionar el idioma francés, causando baja en su destino el año siguiente por pase a la Zona de Reclutamiento y Reserva de San Sebastián, ciudad en la que abrió su estudio de arquitectura, que era también salón de exposiciones.

Ascendido a comandante en marzo de 1925, fue destinado al Regimiento de Sicilia, trasladándose en el mes de septiembre con su Batallón a Tetuán y participando seguidamente en el desembarco de Alhucemas.

una gran fortuna —gran parte de ella durante la desamortización—, que sufrió altibajos a lo largo de su vida.

En agosto de 1898, Eduardo Lagarde fue nombrado alumno de la Academia de Infantería de Toledo, siguiendo en ella sus estudios militares hasta ser promovido a segundo teniente en abril de 1900. Los años siguientes estuvo destinado en diversos regimientos, en el Colegio de Huérfanos de la Guerra, en Guadalajara, y en la Escuela Central de Tiro del Ejército de Madrid. Durante el tiempo que permaneció destinado en Madrid y Guadalajara realizó la carrera de arquitecto civil.

Fiesta de gala en San Sebastián. De izq. a der.: Sánchez Mazas, Laffite, Wenceslao Fernández Flórez, Carmen Moragas, Eduardo Lagarde, García Sanchiz y Mariano Benlliure. De pie, Perico Chicote. (Foto: ABC)

En julio de 1931 pasó a la situación de retirado a voluntad propia, con residencia en San Sebastián, donde se encontraba ejerciendo la profesión de arquitecto al estallar la Guerra Civil.

Lagarde no luchó en la Guerra Civil. El 4 de agosto de 1936 fue apresado por milicianos del Frente Popular y encerrado en la cárcel de Ondarreta, de la que en los meses siguientes fue trasladado a otras prisiones, entre ellas un barco en la ría de Bilbao y la cárcel de Algorta, de la que consiguió fugarse el 18 de junio de 1937, víspera de la entrada de las tropas nacionales en Bilbao. Algunos de sus compañeros de profesión no tuvieron su suerte y fueron asesinados por el Frente Popular.

Durante el conflicto estuvo a las órdenes del general Orgaz en el Servicio de Instrucción y Movilización, cooperando en la formación de alféreces provisionales y realizando trabajos de propaganda. Estas fueron sus únicas intervenciones de carácter bélico.

Fue nombrado jefe del Servicio Militar de Recuperación Artística de Vanguardia en abril de 1938, concediéndosele al año siguiente el reingreso en el Ejército con el empleo de coronel.

En noviembre de 1940 volvió a establecer contacto con la ciu-

Edificio de la calle Santa Engracia, en Madrid, diseñado por Lagarde en 1945, y uno de sus dibujos, «*La toma del tranvía*», publicado en *La Voz de Guipúzcoa* en 1927.

dad en la que había nacido, al ser nombrado Conservador de las Ruinas del Alcázar de Toledo. Previamente, en la sesión mantenida por la Real Academia de Bellas Artes y Ciencias Históricas de Toledo el 30 de junio de 1940, había sido elegido Académico Correspondiente de la misma por Madrid.

Pasó a la situación de retirado por edad en marzo de 1945, encargándose entonces de la dirección del Servicio de Regiones Devastadas en Toledo. Al mismo tiempo, continuó con su trabajo de arquitecto. Levantó en Argés (Toledo) una barriada, por lo que le dedicó la población una de sus calles con el nombre de Eduardo Lagarde.

Dirigiéndose desde Madrid a Toledo para realizar su trabajo, el 16 de mayo de 1950 sufrió un accidente de circulación en Leganés, al chocar contra un camión de ladrillos el vehículo oficial en el que viajaba, sufriendo un derrame cerebral y quedando paralítico a consecuencia de las heridas recibidas. Falleció en San Sebastián el 8 de octubre de 1950. Fue un destacado y prolífico pintor, cartelista, dibujante y humorista gráfico. En Toledo dejaría como recuerdo la restauración de numerosos edificios monumentales destruidos duran-

En Toledo dejaría como recuerdo la restauración de numerosos edificios monumentales destruidos durante la guerra o abandonados por falta de medios.

te la guerra o abandonados por falta de medios, como el Alcázar, San Juan de los Reyes, Santa Clara, la Concepción Francisca, Santa Cruz, San Lucas, San Miguel, Santa Isabel, Zocodover, y otros.

Lagarde restaurador

Terminada la guerra comenzó enseguida su trabajo en Toledo. Una de sus primeras obras sería el acondicionamiento del Hospital Tavera para dedicarlo a internado de niñas huérfanas, según deseo de su propietaria la Duquesa de Lerma, quien decidió reconstruir el soberbio edificio. Él fue quien diseñó su tercer piso, que posteriormente sería remodelado en 1989.

El 14 de noviembre de 1940 se constituyó el Patronato de las Ruinas del Alcázar de Toledo, que sería presidido por el general jefe del Museo del Ejército —Luis

Los baños de sol en la playa (*El Pueblo Vasco*, 26 de julio de 1931).

Bermúdez de Castro— y del que formaría parte como conservador artístico, siendo quien diseñó la cripta.

Fue obra suya el monumento a Luis Moscardó y a sus compañeros de martirio que el 27 de septiembre de 1941 se inauguró en el paseo de Recaredo. Apoyado en una base formada por una triple escalinata se alzaba un bloque de piedras rotas procedentes de la fortaleza, y sobre ellas un monolito constituido por un trozo de columna del patio del Alcázar. En el fuste, bajo una cruz sencilla grabada en la misma piedra, se había fijado una plancha de bronce con la siguiente dedicatoria: «*A Luis Moscardó y sus compañeros de martirio*». Este sencillo monumento sería restaurado en septiembre de 2011, colocando en él una placa en la que se podía leer: «*A Luis Moscardó Guzmán y compañeros mártires, fusilados en este lugar el 23 de agosto de*

Lagarde fue el iniciador del proyecto de iluminación de la ciudad que tanto auge ha tomado hoy en día y tanta importancia se le concede por lo que supone de impulso al turismo.

1936». Duró tan solo unos días, pues a primeros de octubre la placa fue destrozada.

Durante su permanencia en Toledo, Lagarde se reunía con un grupo de amantes de la cultura en el núm. 10 de la calle de San Miguel, en las llamadas cuevas de San Miguel o de los Candiles.

No se contentó Lagarde con dedicarse a la reconstrucción de los monumentos toledanos, sino que fue el iniciador del proyecto de iluminación de la ciudad, que tanto auge ha tomado hoy en día y tanta importancia se le concede por lo que supone de impulso al turismo. En la noche del 23 de junio de 1943 se inauguró en Toledo un nuevo sistema de alumbrado de parajes pintorescos.

Según *ABC*: *«El nuevo alumbrado es obra del Sr. Lagarde, conservador del Alcázar de Toledo, quien, después de un estudio meticuloso, ha logrado un juego de luces encajado totalmente en el estilo clásico de la época, pero*

Cobertizo del convento de Santa Isabel iluminado, en 1944, según el proyecto de Legarde. Colección Luis Alba. Archivo Municipal de Toledo.

con *irradiaciones indirectas, que hacen resaltar los maravillosos perfiles toledanos, produciendo unas combinaciones de claroscuro realmente admirables».* Se emplearon más de 90 faroles en el alumbrado de las calles más típicas y valiosas del antiguo Toledo. Entre los puntos iluminados se encontraban la iglesia de San Marcos, la portadas de los convento de San Clemente, Santo Domingo el Real y Santo Domingo el Antiguo, el áb-

side y portada del convento de Santa Isabel, los cobertizos de Santa Clara y Santo Domingo el Real, la plaza del convento de las Capuchinas, el ábside del convento de la Reina y la puerta de los Leones de la Catedral. El 20 de agosto siguiente, *ABC* daba la siguiente noticia: «*Desde hace varios días funciona en Toledo la nueva instalación de luz eléctrica ideada por el arquitecto D. Eduardo Lagarde, para realzar en la oscuridad de la noche las bellezas arquitectónicas de la vieja ciudad castellana. Nuestras fotografías dan idea de los sorprendentes efectos conseguidos con la original y bien estudiada iluminación indirecta».*

En 1945 se puso fin a la reconstrucción del Arco de la Sangre, realizada bajo la supervisión de Lagarde y dos años después fue el autor del proyecto de restauración y adaptación del castillo de San Servando, convertido en Colegio Menor del Frente de Juventudes de Toledo, cuya inauguración tendría lugar en 1958.

Gracias al decidido esfuerzo de la Dirección General de Regiones Devastadas y de su jefe en Toledo, el coronel Lagarde, se construyó el nuevo convento de San Juan de los Reyes, destruido en 1808.

Fue tal el aprecio que Toledo sentía por Lagarde que tan solo un día después de su muerte, se reunía la Comisión Permanente con el fin de ver la forma de honrar su memoria. En el acta de la sesión plenaria celebrada por el Ayuntamiento de Toledo el 25 de octubre de 1950 se adoptó la siguiente decisión:

«Se da lectura al acuerdo de la Comisión Permanente adoptado el once del actual, por el

Proyecto de restauración del castillo de San Servando.

que se propone que teniendo en cuenta la gran labor que realizó en nuestra ciudad el fallecido Coronel D. Eduardo Lagarde, Delegado Local de Regiones Devastadas, sea dedicada con su nombre una de las calles transversales de la Av. de la Reconquista. El Excmo. Ayuntamiento Pleno acuerda por unanimidad prestar aprobación a esta propuesta, y que se dé el nombre de 'Eduardo Lagarde' a la 2ª calle transversal de la Avenida de la Reconquista, entre el 2º y 3er bloque de casas».

Inexplicablemente, esta decisión del Municipio no se materializó y actualmente se halla paralizada, a pesar de los repetidos llamamientos hechos al Ayuntamiento. Habiendo sido Lagarde miembro de la Real Academia toledana, ésta se ha dirigido desde 2014 en varias ocasiones a los dos últimos alcaldes pidiendo, no que se cumpla lo prometido, que supondría el cambio de nombre de una calle, sino que se le dedique una sencilla placa, sin que esto se haya hecho y sin que, siquiera, se hayan dignado contestar.

Eduardo Lagarde, con Toledo al fondo.

Brutalismo: La belleza cruda del hormigón y sus ecos en Toledo

GABRIEL CRUZ MARCOS

Nacido de las ruinas de la Segunda Guerra Mundial, el brutalismo dejó una huella de hormigón al desnudo que todavía hoy provoca amores y odios. Con raíces en *béton brut*, el estilo se expandió por Europa como una respuesta funcional, radical y, para muchos, incómoda. Desde Le Corbusier hasta Chillida, y desde los búnkeres alemanes hasta las escaleras mecánicas de Toledo, este artículo reflexiona sobre la huella brutalista, sus contradicciones, sus obras insignes y sus polémicas, especialmente en una ciudad donde el pasado y sus múltiples huellas conviven —a veces a regañadientes— con las geometrías de lo lineal.

A la arquitectura brutalista se le podría aplicar el término «salvaje», «violenta», «feroz», «despiadada», incluso «cruel». Surgió tras la Segunda Guerra Mundial y proviene de la expresión francesa *béton brut*, que significa «hormigón crudo», es decir, cemento en su estado más natural. Algunos sugieren que esta estética pudo estar influida por las formas de las troneras de hormigón usadas para ubicar artillería en trincheras y por los búnkeres nazis. Puede ser, aunque también puede verse como una evolución más próxima al espíritu funcional de la Bauhaus.

Aunque sus primeras manifestaciones surgieron en Francia, el término fue adoptado por los británicos, quienes lo asociaron con lo «brutal», aunque en realidad se referían simplemente al aspecto desnudo del material.

Así pues, el Brutalismo se caracteriza por el uso del cemento en bruto, formas geométricas contundentes y una estética ruda

y funcional. Su crudeza va más allá del material: muchos arquitectos brutalistas se inspiraron también en las antiguas estructuras mayas y en el primitivismo, tan en boga en los ámbitos culturales del momento.

Las mujeres de la Bauhaus

Le Corbusier es reconocido como uno de los precursores del brutalismo. Su obra, especialmente la *Unité d'Habitation* en Marsella (*Cité Radieuse*), demostró un uso innovador del hormigón y una apuesta por la funcionalidad como principio clave.

Pero la historia no puede contarse solo desde los nombres más repetidos. En la Bauhaus, escuela fundamental para entender las vanguardias modernas, muchas mujeres dejaron una huella indeleble en diversas disciplinas, incluida la arquitectura. Nombres como Alma Siedhoff-Buscher —figura central del documental *Lotte am Bauhaus*, emitido por ARD en 2019—, Wera Meyer-Waldeck, María Müller, Hilde Reiss o Annemarie Wilke, junto a otras como Friedl Dicker o Benita Otte, aportaron con fuerza y talento a la escuela. Algunas murieron durante la guerra, como Friedl Dicker, asesinada en un campo de concentración, o Alma Siedhoff-

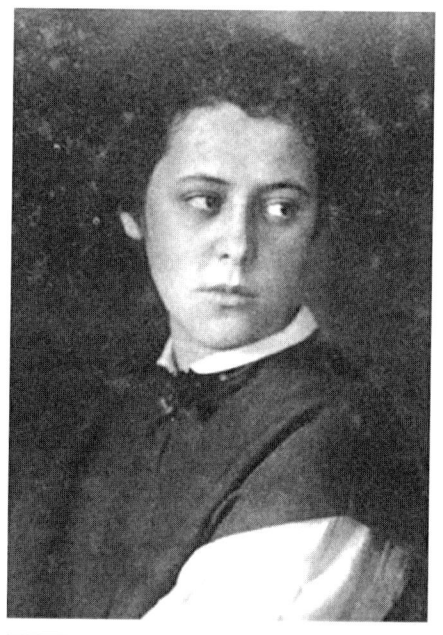

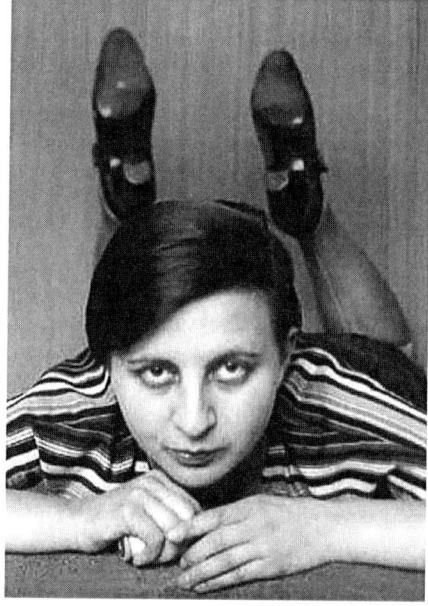

Alma Siedhoff-Buscher y Friedl Dicher en un autorretrato de su época en la Bauhaus.

Consejería de Agricultura, obra del arquitecto Manuel de las Casas, y la famosa «serpiente» de Elías Torres, escalera mecánica de acceso al casco antiguo desde La Granja.

Buscher, fallecida en un bombardeo. Otras emigraron a Estados Unidos, Turquía, la Unión Soviética o Palestina, dejando legado en la diáspora moderna.

Brutalismo en Toledo

En Toledo, bajo mi punto de vista, se han hecho muchas brutalidades. Se dejaron caer casas renacentistas con magníficas fachadas para levantar bloques adosados, algunos sin ascensor ni gracia, construidos con ladrillo y alguna piedra, sí, pero sin aleros, sin vierteaguas, sin portadas que lo hicieran atractivo. Hasta el señor Valcárcel tuvo la ocurrencia de desmochar las cresterías de la Escuela de Artes, coronadas por sus heraldos de barro, y eliminar las puertas forjadas de Julio Pascual con el pretexto de ensanchar la calle. Aquel tiempo trajo otras «pillerías» arquitectónicas similares.

Sin embargo, no todo fue negativo. Hay obras que celebrar. La biblioteca de Santa María de Benquerencia, por ejemplo, es brutalismo en estado puro (foto que abre este artículo). Estando en el extrarradio, su propuesta de cemento integral resultó incluso atrayente. En el casco histórico, sin embargo, las apuestas brutalistas han sido más polémicas. El toledano, por lo general, no tiene mucha paciencia para digerir lo nuevo. Nos cuesta dejar reposar la primera impresión.

Ejemplo de ello es la sede de la Consejería de Agricultura, obra del arquitecto Manuel de las Casas Gómez. Un edificio imponente, resuelto con maestría pese a la irregularidad de la manzana donde se emplaza, fue bautizado popularmente como el «Bono búnker». Al autor por poco lo cuelgan simbólicamente de las cadenas del cercano San Juan de los Reyes.

Otro caso notable es el del Archivo Municipal, diseñado por Ignacio Mendaro Corsini. Su intervención en la plaza de San Marcos rescató un espacio para la ciudad, conectándolo con la plaza del Salvador. El proyecto reflexiona sobre la relación entre arquitectura y entorno, apostando por una intervención sensible a la memoria y el contexto ur-

> *El toledano, por lo general, no tiene mucha paciencia para digerir lo nuevo. Nos cuesta dejar reposar la primera impresión.*

Archivo Municipal
de Toledo y Centro
Social Polivalente
de Santa María
de Benquerencia.

Hoy, el brutalismo ha dejado paso a nuevos lenguajes: aceros, transparencias, cristales, sprys de colores, nuevos materiales. Aún con resistencia, el toledano ha comenzado a aceptar, a veces a regañadientes, estos gestos de contemporaneidad.

bano. Sin embargo, también generó rechazo en su momento.

Igualmente polémica fue la famosa «serpiente» de Elías Torres —la escalera mecánica de acceso al casco antiguo desde La Granja—, que rompió la muralla y, según algunos, toda la estética de la ciudad. Al final, nos fuimos acostumbrando. Más tarde llegó otra escalera, la del remonte de Safont, inaugurada durante el mandato de Dolores de Cospedal. Se avería a menudo, a todo se hace uno, pero ya es parte del paisaje.

De líneas más convencionales, pero con el mismo espíritu funcionalista de la Bauhaus, es el Centro Social Polivalente de Santa María de Benquerencia. Su gran vestíbulo multiusos, sus salas de exposiciones, su «Sala Thalía», los Servicios Sociales... Es un espacio de convivencia, luminoso, versátil y acogedor.

Hoy, el brutalismo ha dejado paso a nuevos lenguajes: aceros, transparencias, cristales, sprays de colores, nuevos materiales. Aún con resistencia, el toledano ha comenzado a aceptar —a veces a regañadientes— estos gestos de contemporaneidad.

Brutalismo en la escultura

En el ámbito escultórico, Pablo Serrano fue pionero en aplicar conceptos brutalistas. Su serie *Bóveda para el hombre* (1960), construida con ladrillos y escombros, expresaba la condición del ser humano encerrado en su propio caos. Más tarde las fundió en bronce, como sus retratos de Indalecio Prieto en Madrid, Galdós en Canarias y otros característicos en sus obras.

Eduardo Chillida, a partir de los años ochenta, comenzó a instalar piezas de gran formato en espacios urbanos y en la naturaleza, trabajando con hormigón armado, acero y sus recortables de laxe. En Toledo su *Lugar de*

Lugar de encuentro, de Chillida, y pieza escultórica de Canogar frente a la puerta del Cambrón.

encuentro, que generó muchos dolores de cabeza hasta que finalmente se rehabilitó la plaza que la acoge. Hay otra obra suya en un cigarral particular. También tenemos la obra del escultor Jacinto Higueras, a la entrada de la Biblioteca del Polígono.

Otras piezas escultóricas destacadas en Toledo incluyen la obra de Rafael Canogar frente a la Puerta del Cambrón, y algunas de mis propias creaciones. En los años setenta y ochenta realicé varias piezas con un claro enfoque brutalista: *Cuaternario*, un altorrelieve en chapa de latón repujado, para lo que fue Caja Castilla-La Mancha; la serie de ferrocementos; esculturas modeladas en cemento. *Santa Beatriz de Silva* en la plaza de la Concepción; o el *Árbol singular* en Santa María de Benquerencia. Obras similares se encuentran en Ocaña, Hellín, Murcia o Zafra.

También recuerdo con cariño las esculturas en madera realizadas con motosierra en los en-

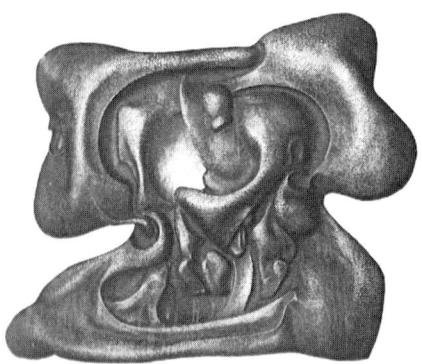

Cuaternario, de Gabriel Cruz Marcos

cuentros de NEXO, de varios escultores, entre ellos Fernando Barredo Loc, en colaboración con el Círculo de Arte, ubicadas a lo largo de la calle Río Arlés. Y no puedo dejar de mencionar las coloridas intervenciones del mexicano Sebastián, o la inolvidable obra de nuestro querido Luis Pablo —su «secador de pelo», como lo llama el barrio—. Por supuesto, las fuentes de Cristina Iglesias, aunque polémicas por su emplazamiento, también merecen un lugar destacado. ¡Brutales... en el mejor sentido!

La benéfica escalera de la catedral

Manuel de Cuendias, que fue un escritor español que, por sus ideas liberales, se vio obligado a exiliarse en Francia en el primer tercio del siglo XIX, contó esta curiosa tradición que se observaba en la catedral de Toledo desde tiempo inmemorial.

Al parecer, la escalinata por la que se accede al interior del templo desde la fachada principal, tenía en origen quince escalones, en recuerdo de los que tenía el templo de Salomón. Pero lo más sorprendente es que las mujeres embarazadas los subían y bajaban dos o tres ve-ces cada día y depositaban luego una limosna, en la creencia de que con ello tendrían un parto poco doloroso.

Transcurridos muchos años y a consecuencia de unas obras, el número de aquellos escalones quedó reducido a siete, lo cual dio lugar poco menos que a una revolución protagonizada por las mujeres de Toledo y de muchos pueblos de alrededor, las cuales consideraban que con esta drástica reducción en las gradas se perderían los benéficos atributos que allí se venían prodigando.

Afortunadamente, unos cuantos sermones desde los púlpitos y ciertas oraciones trasladadas por eclesiásticos devotos, hicieron que los ánimos se calmaran. Aunque Cuendías no aclaró si las subidas y bajadas por los nuevos escalones continuaron y, sobre todo, si conservaron los mismos efectos en las parturientas.

Marina Isabel y su visión de las calles de Toledo

ANTONIO DELGADO GARCÍA

Marina Isabel Pérez, natural de San Pablo de los Montes, en los Montes de Toledo, becada en diversas ocasiones para hacer estudios de Bellas Artes, disciplina en la que se formó en la Universidad Complutense de Madrid, en las especialidades de pintura y grabado. Allí adquirió una serie de habilidades académicas y profesionales en el campo de la pintura con las que pudo ser más adelante profesora de Bellas Artes en el prestigioso centro de hijos de funcionarios, el Instituto de Educación Secundaria Ramiro de Maeztu en Madrid. Entre sus fuentes directas están lo aprendido de sus maestros en la Complutense, sobre todo Encarnación Rubio, una de las pintoras del siglo XX, discípula de Julio Romero de Torres; así como la omnipresencia de la naturaleza y los paisajes de su entorno, entre los cuales cobra especial importancia las calles y vistas de Toledo.

Marina ofrece una visión artística propia cargada de su sensibilidad singular, nutrida de una profunda admiración tanto por la tradición, el costumbrismo español de inicios del siglo XX, la naturaleza y el entorno que habita. Entre los géneros que cultiva están los paisajes y vistas, de Toledo sobre todo, las naturalezas muertas, retratos, tanto de niños, tema difícil de saber captar, como de adultos; así como grabados de todo tipo.

Gracias a su trabajo en la docencia de las artes trabajando diariamente con jóvenes vocacionales, ha podido desarrollar un arte joven que siempre ha sabido plasmar con su vibración y frescura en todas sus obras. Su afinidad por el dibujo, con una exquisita disposición para el pastel, junto con su dominio de la técnica al óleo y su habilidad para

Calle Ancha de Toledo, con la catedral al fondo. Óleo sobre lienzo

Puente de Alcántara. Óleo sobre lienzo

un empaste generoso, le permiten capturar la atmósfera única de la ciudad de Toledo. La fluidez y espontaneidad de su pintura, que componen lo justo para dar visiones de color suave y compuesto, tienen un sello muy personal. Esta característica sería esencial para plasmar la luz cambiante sobre las antiguas arquitecturas de Toledo, la majestuosidad del río Tajo, y la variedad de las naturalezas, tanto de flores, como de los paisajes de los Montes.

Presenta una gran sensibilidad cromática y de pincelada suelta y muy bien empastada, con la que sabe expresarse de una manera muy luminosa sabiendo captar los brillos de las calles, los materiales de las casas y objetos bañados por una luz propia de las primaveras y veranos castellanos.

Cuando hablas con ella, siempre enfatiza en todas sus entrevistas que «*no hay arte si no se vive con entusiasmo, como si cada obra fuera la primera y la única*». Esta máxima personal, pero presente en numerosos artistas de vocación, se aplica a la representación de todo lo que la rodea, traduciéndolo en un arrebato de pasión y discurso, tanto de palabras como de colores en los que transmite su viveza y cercanía.

Las monjas de Santa Clara guardaban las llaves de la ciudad

El convento de Santa Clara, que desde hace diez años ya no cuenta con una comunidad de religiosas, aunque continúa abierto a visitas y organización de diversas actividades, fue, desde el siglo XIV y durante mucho tiempo, el custodio de las llaves de la ciudad de Toledo.

Este privilegio le fue concedido por el rey Enrique II (1334-1379), junto con el título de Real Monasterio. El motivo de estas decisiones hay que buscarlo en la seguridad que ofrecía un lugar sagrado y en el hecho de que dos hijas del monarca, Inés e Isabel, estuvieran allí profesando como monjas. Con el tiempo, ambas llegarían a ser abadesas del convento.

Cada noche, el alguacil encargado de la custodia de las puertas de la ciudad, después de proceder a su cierre, se trasladaba al convento para hacer entrega de las llaves a la abadesa para su custodia hasta la mañana siguiente, en que regresaba de nuevo para recogerlas y abrirlas otra vez durante toda la jornada.

Esta costumbre acabó por perderse, sin que pueda precisarse en qué momento, pero en 1993, el Ayuntamiento aprobó conceder, de manera simbólica, las llaves de la ciudad a las nueve monjas que entonces quedaban en la institución religiosa, haciendo coincidir este reconocimiento con la conmemoración del octavo centenario del nacimiento de Santa Clara, fundadora de la orden.

Mi amigo Garcilaso, abril de 2025

CRISTIAN LÁZARO

¿Qué se puede decir que no se haya dicho de Garcilaso de la Vega (Toledo, *c.* 1500-Niza, 1536)? ¿Qué si les digo que este soldado-poeta sabía, como yo, que el verso tiene algo de épico y soldadesco pero la guerra no tiene nada de poesía?

¿Qué si les digo que Garcilaso, como Whitman, fue un *outsider* lírico del siglo XVI, que innovó más allá del consabido octosílabo y que también dijeron de él en su época: «*No, no es un poeta de verdad*»?

¿Qué si les digo que su sombra es alargada en todo vate que se precie de serlo y que él es imbatible? ¿Qué si les digo que se convirtió en leyenda y se halla en el eje vital, entre Petrarca y Fernando de Herrera, de la posteridad literaria?

¿Qué si les digo que Cervantes lo lauda a menudo en su obra y que fue un maestro para «los Pacos» (Aldana, Figueroa, Medina, Montano, Pacheco, Rioja, de la Torre)?

¿Qué si les digo que, como él, me he topado con personas más duras que el mármol a mis quejas y que yo también he soñado con bellas ninfas a orillas del Tajo? ¿Qué si les digo que, en mis momentos más duros y solitarios como opositor, procuraba visitar su estatua de la plaza de San Román con la cabeza bien alta (por si se me pegaba algo) y eso era para mí la Libertad?

¿Qué si les digo que ahora peregrino a su estatua una o dos veces por semana y le declamo mis versos a viva voz y grito los suyos: «*¡Oh dulces prendas, por mi mal halladas...!*», y los turistas me observan con asombro?

¿Qué si les digo que coincido con Luis García Montero?: «*A través de los siglos,/ saltando por encima de todas las catás-*

trofes,/ por encima de títulos y fechas,/ las palabras [de Garcilaso] *retornan al mundo de los vivos,/ preguntan por su casa»* (*Habitaciones separadas*).

¿Qué si les digo que a Francisco de Quevedo, a Sagrario Torres y a él nadie los baja del podio de los sonetistas? ¿Qué si les digo que el Soneto VIII es muy sensual («*...de tal calor movidos/ llamados de aquel bien que está presente/ se mueven y se encienden.../ ... entrando derretían/para leer de noche a la persona amada?*».

¿Qué si les digo de la hondura en la psique humana del insigne poeta toledano? ¡Quién querría verse morir entre memorias tristes! ¿Y qué si les digo, por cierto, que el Soneto X preludia el desgarro y despecho por relaciones tóxicas del sencillo *Positively 4th street*, de Bob Dylan?

¿Qué si les sigo que, en clase de Lengua o de Literatura Universal, si la ocasión es propicia, nombro a Garcilaso, más allá del XVI? Porque está en el

top ten de todos los tiempos, de todas las lenguas, de todas las almas lectoras.

¿Qué si les digo que Garcilaso...? Sí, es mi amigo.

● ● ●

Salvaron una vida

(Una historia real en nuestra Guerra Civil)

GABRIEL MORA DEL POZO

De los miles de historias reales que se pueden contar ocurridas durante la Guerra Civil (1936/39), ésta que se narra es muy humana y sencilla, sufrida y protagonizada por toledanos que me contaron hace ya muchos años, siendo los datos ciertos y las personas reales, ya fallecidas.

Gabriel llegó a Madrid desde Plasencia, tres años después que sus cinco hermanas mayores. Ellas encontraron trabajo enseguida en el servicio doméstico de gente acomodada en algunas casas de la capital.

Pensaba que sus hermanas podrían ayudarle a encontrar trabajo en alguna tienda, almacén, taller u oficina, pues tenía una cultura media, ya que, al ser el último de la familia, todos le ayudaron en su infancia, pudiendo incluso llegar a prepararse para unas oposiciones de farero en España, en las que no llegó a inscribirse. Después de unos días sin haber conseguido un empleo, alguien le habló de marchar a Toledo como posible solución a sus necesidades.

La ciudad imperial le deslumbró, pero no había ido a ella para disfrutar de sus atractivos y artísticos edificios sino para encontrar un trabajo, lo que consiguió enseguida al ser admitido en un taller de recauchutado de ruedas que había muy cercano a la plaza de Zocodover, frente al museo de Santa Cruz, al fondo de la llamada plaza de Santiago de los Caballeros

Desde su trabajo en ese taller tenía que subir y bajar todos los días por las escaleras a la plaza

Interior de la capilla del Cristo de la Sangre. Archivo Municipal de Toledo

principal o al trabajo, para deambular por la ciudad, o para ir a la habitación que había encontrado en la calle del Locum junto con otro compañero, para poder comer y dormir o descansar. En esas mismas escaleras, a mano derecha según se subía, había una puerta que conducía, subiendo por el interior, a una habitación —según se enteraría más adelante—, donde se encontraba la imagen de un crucificado de gran tamaño, que era el símbolo de una cofradía centenaria —«La Cofradía del Cristo de la Sangre»—. Estaba situado encima del arco de piedra muy antiguo donde se iniciaba la bajada y subida por esas escaleras que diariamente transitaba. Se encontraba la imagen al igual que ahora delante de un gran balcón para que pudiera verse desde el exterior, habiéndose oficiado misas diarias hasta la mitad del siglo XIX, para que pudieran seguir la Eucaristía los vendedores y tratantes que lo desearan, y que hacían sus tratos y ventas en la plaza principal llamada Zocodover. Esa cofradía se había dedicado en otros tiempos a recoger los cuerpos de los ajusticiados para enterrarlos con dignidad y con las limosnas que recogían los cofrades en las calles y barrios de la ciudad.

De las habitaciones propiedad de la cofradía, su cuidado y limpieza se encargaban sus guardeses, tres hermanos que habían heredado el trabajo de sus padres, ya fallecidos: Andrea, Consuelo y Félix. Ellos cuidaban de la imagen y de la habitación que servía de sala de juntas de dicha cofradía, pudiendo vivir ellos en dos habitaciones de la planta baja. Las escasas remuneraciones que recibían de la cofradía por esa dedicación, debían acompañarlas para poder vivir con el trabajo como planchadoras de algunas prendas de vestir de los oficiales de la cercana Academia de Infantería que se formaban en el edificio del Alcázar, y trabajando también en las confiterías y sus obradores de la «Casa Telesforo», situada en Zocodover, o en la que abría sus puertas al público en el turístico barrio de Santo Tomé, sobre todo en las

De las habitaciones propiedad de la cofradía, su cuidado y limpieza, se encargaban sus guardeses, tres hermanos que habían heredado el trabajo de sus padres, ya fallecidos.

Gabriel marchó a Madrid el día 16 de julio para comunicar a sus hermanas la buena nueva de su enlace. Ya no pudo volver a Toledo. El día 17 fue alistado por la fuerza en un regimiento.

épocas de su mayor negocio como eran las Navidades.

De las muchas subidas y bajadas diarias por las escaleras del Cristo de la Sangre, llegaron a saludarse primero Gabriel y Consuelo, después a hablarse y enseguida a relacionarse, para terminar por enamorarse. Pasados dos años decidieron contraer matrimonio y vivir provisionalmente en las habitaciones de la cofradía, hasta encontrar alguna vivienda más espaciosa en cualquier casa cercana a sus trabajos.

Con los escasos muebles y el ajuar imprescindible que pudieron comprar para iniciar su nueva vida, dispusieron su enlace para el día 2 de agosto de 1936.

Gabriel marchó a Madrid el día 16 de julio para comunicar a sus hermanas la buena nueva de su enlace. Ya no pudo volver a Toledo. El día 17 fue alistado por la fuerza en un regimiento, junto con los que ya habían hecho el servicio militar en años anteriores, y enviado a los pocos días a una zona de la provincia de Cuenca por la que pasaban las carreteras y caminos que llevaban a Valencia.

Desde ese mismo día 17, Consuelo y sus hermanos tuvieron que salir de las habitaciones que usaban de la cofradía, aconsejados por los vecinos, marchando a la casa de unos parientes que vivían en unas pobres casas pegadas a la muralla, a escasos metros de la parte anterior a la salida del puente de San Martín, acertando en esa decisión, ya que, según se enteraron, la vida en las casas que formaban la plaza de Zocodover eran con frecuencia tiroteadas al principio, y algunas destruidas enseguida por las necesidades estratégicas de los refugiados en el Alcázar tras el fracaso del levantamiento militar que intentaron en Toledo, o por los que querían obligar a rendirse a esos refugiados y necesitaban el espacio libre para disparar mejor hacia el histórico edificio. La fachada que más sufrió, quedando toda destruida, fue precisamente la que tenía el reloj de Zocodover, que había

marcado la hora de la ciudad desde el siglo anterior y las habitaciones de la cofradía donde se encontraba la sede de la misma, y por tanto también, la reducida vivienda de sus guardeses, que contenían todo lo necesario recién comprado para que iniciaran su vida de casados Consuelo y Gabriel.

Éste, militarizado y enviado a la defensa de la zona oriental de la provincia de Cuenca, no tuvo que enfrentarse a serios problemas bélicos, más bien a algunas escaramuzas. Solo en ocasiones debían acudir a zonas próximas para que el enemigo supiera que ese terreno estaba ocupado por el ejército republicano. Quizá por eso o por su relativa lejanía de los lugares de las fuertes ofensivas militares, a veces, el armamento no era el adecuado y la moral entre los compañeros que formaban su compañía se encontraba bastante baja, sobre todo cuando comprobaban que algunos fusiles no tenían la munición adecuada para ese modelo de arma que les habían dado para los posibles enfrentamientos.

De ahí que la tranquilidad bélica y lo inútil del servicio, hizo creer entre los miembros de su compañía, así como del pelotón en el que estaba encuadrado Gabriel, que todos ellos pensaban

***Se le cayó de la cartuchera lo que parecía
una pequeña libreta de tapas negras que recogió
apresuradamente, diciendo casi con miedo:
«Son las direcciones de mi familia y amigos».
Gabriel y otro compañero no se lo creyeron.***

lo mismo desde el punto de las ideas, ya que tenían mucho tiempo libre para hablar y contarse sus preocupaciones personales y familiares, sin conocer lo más importante sobre la marcha de la guerra y sus consecuencias bélicas.

Pero no todos pensaban igual, y en alguna conversación ya se habían manifestado las opiniones contrarias, referentes a sublevados y a defensores de la República, que sin embargo no llegaban a exteriorizase por miedo a los mandos y a los comisarios políticos existentes en cada compañía, de los que habían oído hablar sobre su actuación en caso de retirada de sus puestos por parte de algún soldado, o de la manifestación pública de neutralidad o afinidad con las ideas de los que llamaban «fascistas».

En el pelotón de Gabriel había un compañero que hablaba poco, pero cuando lo hacía, daba la impresión de que había estudiado y sabía más que los demás, sin manifestarse nunca a favor o en contra de unos o de otros y sin soltar expresiones vulgares que muchas veces salen de la boca de los hombres en situaciones de miedo o de alegría y que en general son difíciles de silenciarse.

Este compañero se llamaba Antonio, y en cierta ocasión de sobresalto por los avisos de movimiento del enemigo y tener que prepararse para repeler un posible ataque, se le cayó de la cartuchera lo que parecía una pequeña libreta de tapas negras que recogió apresuradamente, diciendo casi con miedo: «*Son las direcciones de mi familia y amigos*». Gabriel y otro compañero no se lo creyeron, pero no dijeron nada y los demás no prestaron atención a ese pequeño incidente, por el nerviosismo de un posible enfrentamiento con el enemigo.

Unos días después, haciendo juntos una guardia en la que se encontraban solos los tres, Gabriel se atrevió a recordar el incidente y a decir a Antonio que esa libreta era igual a la que había visto a un cura de Plasencia, que les daba clases de Historia Sagrada cuando era muchacho e iba a una escuela privada en esa ciudad que era donde había nacido.

Antonio titubeó un momento, pero no tardó en abrirse y decir la verdad, casi con miedo, porque no veía mala intención en la observación que se le hacía y, además, porque ya había conocido la bondad personal de Gabriel y su otro compañero en las muchas conversaciones que había tenido a lo largo de los dos últimos meses de convivencia en los frentes de retaguardia donde habían estado. Antonio confesó que era un libro de oraciones, un breviario, que así lo llamaban los curas, porque él era un sacerdote que había sido reclutado en Madrid sin que infundiera a nadie sospecha alguna. Ya había sido advertido por algunos amigos que le habían acogido en sus casas, que debía vestir por la calle como un obrero si quería salvar la vida. Esconderse era peor y pondría en peligro la vida de los que le ayudaran a ocultarse. Ya le habían llegado las noticias de lo que hicieron con unos y otros en Madrid y en todas la ciudades y pueblos donde no se habían hecho con el poder los que se habían sublevado, e

incluso, a veces, los que sí lo habían conseguido.

No fue aquella confesión para Gabriel y su compañero ninguna sorpresa, prometiendo a Antonio que no dirían nada a nadie, ni siquiera a los compañeros del pelotón, como así hicieron, conscientes de las consecuencias vitales para el que era en definitiva un compañero y con el que llevaban conviviendo tanto tiempo. En definitiva, un amigo para todos.

Transcurría la guerra sin incidentes de gravedad para ellos, pero en el mes de febrero de 1938 fueron llevados todos a Madrid para su defensa, siendo conscientes de que la victoria de los sublevados se veía llegar sin poder hablar de ello, y mucho más cuando se enteraron de que el Gobierno se había ido a Valencia casi desde el principio del conflicto bélico. «*Para la mejor dirección de la guerra*», se decía.

En Madrid permaneció Gabriel varios meses en distintos cuarteles, pudiendo engancharse en el servicio de las cocinas donde su trabajo y buenas formas resultaron eficaces y acertadas para los mandos y soldados, con los alimentos de que disponían. En realidad, había aprendido a preparar los ranchos militares en Valladolid cuando hizo el servicio militar antes de la guerra. Además, pudo aprovechar la oportunidad que tenía porque en muchas ocasiones había podido sacar del cuartel, escondidos en las cartucheras, algunos paquetes de legumbres para llevarlos a sus hermanas, que como todos en la ciudad se encontraban en mala situación para alimentarse.

Llegaron los días finales de marzo de 1939 y los sublevados fueron ocupando Madrid, llevando a los soldados republicanos, ya rendidos, a campos improvisados de prisioneros en el extrarradio de la ciudad. Eran miles y para volver a sus casas, todos ellos tenían que buscar alguna persona que les avalara manifestando por escrito que eran soldados reclutados por la República y no habían intervenido en las atrocidades que hicieron los llamados milicianos en pueblos y ciudades de las zonas que mantuvieron los republicanos en su poder, sobre todo en el segundo semestre del año de inicio de la guerra.

Gabriel mandó cartas enseguida a Toledo para que Consuelo buscara alguna persona que conociera su vida antes y después de comenzada la guerra.

No le hizo falta recibir respuesta por escrito con firmas y sellos que avalaran su actuación personal en Toledo. Al segundo día de su estancia en el campo se llevó una gran sorpresa que no esperaba y que iba a acelerar su regreso a Toledo, terminando con su estancia en el campo.

Mientras paseaba por la explanada central del campo a las horas permitidas por los militares que custodiaban ese centro improvisado, vio venir hacia él a un cura al que no reconoció al principio.

Al acercarse se dio cuenta de quién era y el corazón se le aceleró mientras oyó cómo el sacerdote se dirigía hacia él diciendo en voz alta:

—Gabriel, amigo, ¡qué alegría! Cuanto tiempo sin vernos, al mismo tiempo que le daba un fuerte abrazo.

—Sí, es verdad Antonio —contestó Gabriel con nerviosa efusión, no disimulada—. Ya ha acabado todo y veo que puedes usar la sotana de sacerdote.

—Pero ¿qué haces aquí?, —le preguntó Antonio, ahora el padre Antonio.

Gabriel contestó enseguida y con alegría:

—Pues ya ves, esperando un aval de Consuelo para poder volver a casa.

Antonio no tardó ni un segundo en decir:

—Anda, ven conmigo que vamos a ver al comandante del campo. Tengo que decirle lo que hicisteis por mí y ahora he de corresponder a vuestra ayuda.

No habían pasado más de quince minutos cuando Gabriel salía del campo camino de la estación de Atocha, o de alguna calle que llevara a la carretera de Toledo para intentar regresar a la ciudad que ya necesitaba volver, no sin antes agradecer al padre Antonio su liberación, recibiendo de él unos abrazos sinceros llenos de agradecimiento y con lágrimas en los ojos.

No tardaron en despedirse, los dos tenían muchas cosas que hacer. Pero el padre Antonio aprovechó para desearle un feliz y cercano enlace con Consuelo, prometiendo ir a Toledo a recordar los meses vividos durante la guerra.

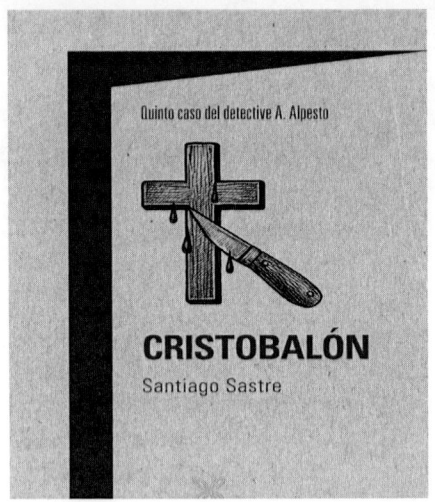

Título: *Cristobalón*
Autor: Santiago Sastre
P.V.P.: 15 euros

Título: *Lo que no pudo ser*
Autor: Javier Oliva
P.V.P.: 20 euros.

Quinta novela protagonizada por el detective privado Augusto Alpesto. En este caso recibe el encargo de investigar el asesinato del canónigo penitenciario Francisco Jonazos. Se trata de un asunto que gira en torno al mundo de las antigüedades y la pederastia, y tiene como contexto la catedral de Toledo.

Es un relato hilarante, provocador, con un tono surrealista y jocoso, en el que desempeñan un papel importante la literatura, el valor de la amistad, el sexo, los perros y, por supuesto, la ciudad de Toledo, desde esa visión tan personal y crítica del autor.

Una aventura que se sumerge con fidelidad y precisión en uno de los últimos coletazos del franquismo: la salida española del Sáhara Occidental.

Acusados por la Brigada Político Social de participar en el atentado a Carrero Blanco, Teresa y Arnaldo deben abandonar Madrid. Su accidentada huida les conducirá hasta El Aaiún, una ciudad herida por el complicado contexto político.

Atrapados en un lugar casi desconocido, los protagonistas tratarán de sobrevivir entre los violentos anhelos independentistas del Frente Polisario y las pretensiones anexionistas de Marruecos.

IN MEMORIAM PACO GARCÍA MARTÍN Y ANTONIO CASADO POYALES (Jesús Muñoz Romero)

Todo está trastocado. El mes de octubre era el octavo del año, de octo en latín, noviembre el noveno, de novem, decem, diciembre, y, sin embargo, hacen el diez, el once y el doce. Todo está trastocado. Y la vida también. Se va. Y a los que deja con vida, los deja moribundos. Sin más.

En el mes de agosto, cuyo nombre procede del emperador Augusto, se han ido Paco y Antonio, compañeros del alma, compañeros, y yo quiero nombrarlos porque nadie muere del todo hasta que no se deja de pronunciar su nombre.

Con Paco García Martín trabajé en más de veinte libros, algunos tan extraordinarios como *La Comisión de Monumentos de Toledo*, en dos volúmenes, o la biografía de Sixto Ramón Parro.

El primero que abrió la lista se titulaba, se titula, *Jardines y parques históricos de la provincia de Toledo*, y lo publicamos el siglo pasado, de tanto viene nuestro conocimiento.

Después no hicimos más que seguir trabajando y, entre tanto, la vida nos zarandeaba y, a veces, nos sacudió con crueldad. De todo eso hablamos y de todo nos curamos (a medias) trabajando.

Admiraba de él su tranquilidad y bonhomía, su capacidad de crítica a esta ciudad que tanto amaba, razón por la cual la criticaba. Salve, Paco.

Y qué de Antonio. Nos conocimos cuando éramos estudiantes e íbamos a Madrid todos los días (también el pasado siglo). Hablábamos, en vez de la Movida, de reyes, reinos y alcabalas, y nos gustaba imaginar qué hubiera sucedido si el príncipe don Juan, el primogénito de los Reyes Católicos, no hubiera muerto adolescente, si doña Juana en Tordesillas se hubiera unido a los comuneros, si la vida, en fin, no hubiera sido lo que ha sido, y concluíamos que, seguramente, ni siquiera nosotros estaríamos imaginando lo que sólo pudo ser.

Trabajamos juntos en un libro sobre la sociedad toledana en la época del Greco y lo presentamos en el año 20 en los jardines de San Servando con una separación entre los asistentes de más de un metro. Durante ese verano, yo tabién presenté en las gradas del Rojas mi libro *Obligados y ofendidos*, (¿qué mejor lugar, Rojas Zorrilla?), y alabó mi iniciativa con unas palabras que me enternecieron: "Gracias, teníamos hambre".

Mis queridos amigos, no perdono a la muerte enamorada.

BOLETÍN DE SUSCRIPCIÓN

Si está interesado en suscribirse a la revista **Cuatro calles**, por favor, rellene este formulario y háganoslo llegar por correo electrónico a ***info@editorial-ledoria.com*** o por correo postal a ***Editorial Ledoria, calle Fuente del Moro, 6, 45006, Toledo***

Nombre y apellidos / Entidad _____

Dirección _____

Código Postal _____

Localidad _____

Provincia _____

Correo electrónico _____

Teléfono _____

Deseo suscribirme a la revista **Cuatro calles** por un período de (marque con una **X** la opción elegida):

Suscripción 4 números por un total de 22 euros ☐

Números atrasados, 5 euros (indique cuáles) ☐ ☐ ☐

* Los gastos de envío están incluidos

El pago se realizará mediante ingreso o transferencia a la cuenta que le transmitiremos al recibir su solicitud o por Bizum.

En ningún caso se destinarán estos datos a otros fines que no sean los de recibir las publicaciones reseñadas, ni se entregarán a terceros, de acuerdo con los principios de protección de datos de la Ley Orgánica 15/1999 de 13 diciembre, de regulación del tratamiento automatizado de los datos de carácter personal.

Publicación del próximo número: A partir del 1 de diciembre de 2025